Charles Székely

Révélations dans les Psaumes de David

Charles Székely

Révélations dans les Psaumes de David

Éditions Croix du Salut

Imprint

Cover image: www.ingimage.com

Publisher:
Éditions Croix du Salut
is a trademark of
International Book Market Service Ltd., member of OmniScriptum Publishing Group
17 Meldrum Street, Beau Bassin 71504, Mauritius
Printed at: see last page
ISBN: 978-613-7-37314-9

Révélations dans les Psaumes de David

Charles Székely

« L'Esprit de l'Éternel parle par moi, et sa Parole est sur ma langue. »
(2 Samuel 23 :2)

Préface

Dans la cinquième édition de « La Bible aux explications », traduite par Dumitru Cornilescu, et publiée par l'organisation Cristian Aid Minitries, on fait la mention suivante : »Les premiers fragments de la Bible traduits en roumain faisaient partie du Livre des Psaumes. « L'historien Nicolae Iorga affirmait que : »La nation roumaine est née dans le hall d'entrée de l'Église. » Les Psaumes constituèrent jadis le livre élémentaire dans lequel notre peuple a appris à lire » (p.36)

En dehors de sa valeur d'instrument de culture, le livre des Psaumes s'impose par les révélations divines qu'il renferme. Les exégètes mettent les Psaumes dans la catégorie des oeuvres poétiques qui fructifient l'imagination et la sensibilité des auteurs. Aussi, se gardait-on d'en tirer des enseignements qui s'adressent à la raison. Malgré sa valeur esthétique incontestable, le livre des Psaumes fait partie du canon scripturaire et comme tel, il est utile « pour enseigner, pour convaincre, pour corriger, pour instruire dans la justice, afin que l'homme de Dieu soit accompli et prope à toute bonne oeuvre ». (2 Timothée 3 :16) Ce qui nous permet de rechercher des révélations dans les Psaumes, c'est la déclaration de leur auteur, citée en tête du présent ouvrage.

Les 150 psaumes contenus dans ce livre de la Bible ont été divisés en cinq sections, selon les cinq livres de Moïse, qui traitent à tour de rôle : la création et l'homme, la sortie de l'Égypte et le salut, le service divin selon la Loi, le pèlerinage dans le désert, la louange. Soixante-cinquante psaumes appartiennent au roi David, douze sont à Asaf, dix aux fils de Coré, deux ont été conçus par le roi Salomon et un a été écrit par Moïse, homme de Dieu. Le reste des Psaumes, en nombre de 50, incombent à des auteurs inconnus, qui jouissent de la présomption d'avoir été guidés par l'Esprit de Dieu. En conséquene, David n'était pas seul à éprouver l'inspiration divine dans ses oeuvres.

L'interprétation des psaumes fit partie du service divin judaïque, ainsi que la lecture et l'explication des cinq livres de Moïse. (cf.Néhémie 8 :1-8) En outre, le roi David eut la conviction que l'Éternel se présentait là, où l'on faisait sa louange. (cf. Psaume 22 :4)

En effet, le psalmiste qui chante les louanges du Seigneur l'Éternel tout en jouant de son harpe crée une atmosphère propice à l'inspiration prophétique. À l'occasion d'une incursion sur le territoire de Moabe, les armées unies des rois Joram et Josaphat tombèrent dans une crise d'eau et, pour en sortir, ils appelèrent au prophète Élisée. Celui-ci demanda de lui amener un joueur de harpe. « Et comme le joueur de harpe jouait, la main de l'Éternel fut sur Élisée. Et il dit : Ainsi parle l'Éternel : Faites dans cette vallée des fossses, de fosses! Car ainsi parle l'Éternel : Vous n'apercevrez point de vent et vous ne verrez point de pluie, et cette vallée se remplira d'eau, et vous boirez, vous, vos troupeaux et votre bétail. » (2 Rois 3 :15-17) Élisée est donc entrée en communion avec l'Éternel sous l'effet d'un cantique joué de la harpe.

La Bible donne aussi un exemple qui illustre l'effet thérapeutique des cantiques joués de la harpe. Dès son adolescence, David fut oint roi à la place de Saul, qui avait transgressé la parole de l'Éternel, prononcée par Samuel. Voilà la description succincte de cet événement : »Samuel prit la corne d'huile, et l'oignit au milieu de ses frères. L'Esprit de l'Éternel saisit David, à partir de ce jour et dans la suite. » (1 Samuel 16 :13) Voilà maintenant la conséquence de ce acte vis-à-vis de Saul: »L'Esprit de l'Éternel se retira de Saul, qui fut agité d'un mauvais esprit venant de l'Éternel. » (1 Samuel 13 :14)

Pour échapper aux crises nerveuses, Saul fut contraint d'appeler David chez lui afin que celui-ci joue de la harpe et un soulagement spontane s'enuive. « Et lorsque le mauvais esprit venant de Dieu était sur Saul, David prenait la harpe et jouait de sa main ; Saul respirait alors plus à l'aise et se trouvait soulagé, et le mauvais esprit se retirait de lui. » (1Samuel 16 :23) Dieu permet que les espirts immondes tourmentent ceux qui transgressent ses ordonances, mais Il n'a aucune communion avec les forces des Ténèbres. (Jacques 1 :17)

Afin de mettre en relief les révélations renfermées dans les Psaumes, nous avons adopté la méthode des commentaires. On s'est donc penché sur des versets choisis, groupés selon les grands sujets suivants : 1.louange et confiance, 2. connaissance de Dieu, 3. portrait du Fils, 4. Parole et Loi, 5. création et homme, 6. deux catégories d'individus, 7. voie du salut.

Ludus, le 9 mai 2013 Charles Székely

La louange, la supplication et la confiance, dûes à l'Éternel

1 .« Éternel, notre Seigneur ! Que ton nom est magnifique sur toute la terre ! Ta majesté s'élève au-dessus des cieux. Par la bouche des enfants et de ceux qui sont à la mamelle tu as fondé ta gloire, pour confondre tes adversaires, pour imposer silence à l'ennemi et au vindicatif. » (8 :1,2)

2. »Mon âme, bénis l'Éternel ! Éternel, mon Dieu, tu es infiniment grand ! Tu es revêtu d'éclat et de magnificence ! Il s'enveloppe de lumière comme d'un manteau ; il étend les cieux comme un pavillon.Il forme avec les eaux le faite de sa demeure ; il prend les nuées pour son char, il s'avance sur les ailes du vent. Il fait des vents ses messagers, des flammes de feu ses serviteurs. » (104 :1-4)

3. »Je louerai l'Éternel de tout mon coeur, je raconterai toutes tes merveilles. Je ferai de toi le sujet de ma joie et de mon allégresse, je chanterai ton nom, Dieu Très Haut. » (9 :2,3)

4. »Je m'écrie: Loué soit l'Éternel ! Et je suis délivré de mes ennemis. » (18 :4)

5. »Chantez à l'Éternel, vous qui l'aimez, célébrez par vos louanges sa sainteté ! Car sa colère dure un instant, mais sa grâce toute la vie ; le soir arrivent les pleurs, et le matin l'allégresse « (30 :5,6)

6. »Louez-le au son de la trompette ! Louez-le avec le luth et la harpe ! Louez-le avec le tambourin et avec des danses ! Louez-le avec des instruments à cordes et le chalumeau ! » (150 :3,4)

7.»O Dieu ! Écoute mes cris, sois attentif à ma prière ! Du bout de la terre je crie à toi, le coeur abattu; conduis-moi sur le rocher que je ne puis atteindre ! » (61 :2,3)

8 . »Avec confiance , ô Dieu, on te louera dans Sion, et l'on accomplira les voeux qu'on t'a faits. O toi, qui écoutes la prière ! Tous les hommes viendront à toi. » (65 :2,3)

9. »Dans ta bonté, tu nous exauces par des prodiges, Dieu de notre salut, espoir de toutes les extrémités lointaines de la terre et de la mer ! » (65 :6)

10. »Secours-nous, Dieu de notre salut, pour la gloire de ton nom ! Délivre-nous, et pardonne nos péchés, à cause de ton nom ! » (79 :9)

11. »Toutes les nations que tu as faites viendront se prosterner devant ta face, Seigneur, et rendre gloire à ton nom. Car tu es grand, et tu oprères des prodiges ; toi seul, tu es Dieu. » (86 :9,10)

12. » Mon âm, bénis l'Éternel, et n'oublie aucun de ses bienfaits ! C'est lui qui pardonne toutes tes iniquités, qui guérit toutes tes maladies. C'est lui qui délivre ta vie de la fosse, qui te couronne de bonté et de miséricorde. C'est lui qui rassasie de biens ta vieillesse, qui te fait rajeunir comme l'aigle. » (103 :2-5)

13. »Enseigne-moi à faire ta volonté ! Car tu es mon Dieu. Que ton bon esprit me conduise sur la voie droite ! » (143 :10)

14. »L'Éternel est près de tous ceux qui l'invoquent, de tous ceux qui l'invoquent avec sincérité. » (145 :18)

15. »Mais en toi je me confie, ô Éternel ! Je dis : Tu es mon Dieu ! Mes destinées sont dans ta main : délivre-moi de mes ennemis et de mes persécuteurs ! » (31 :15,16)

16. »Dieu est pour nous un refuge et un appui, un secours qui ne manque jamais dans la détresse. » (46 :2)

17. »Remets ton sort à l'Éternel et il te soutiendras, il ne laissera jamais chanceler le juste. » (55 :23)

18. »Quand je marche dans la vallée de l'ombre de la mort, je ne crains aucun mal, car tu es avec moi : Ta houlette et ton bâton me rassurent. » (23 :4)

Les Israëlites avaient la coutume de louer l'Éternel pour ses attributs divins et surtout pour son Nom. La première citation a trait à la majesté et au Nom du Créateur.

« Yahweh » est le nom par lequel le Seigneur s'est présenté à Moïse : »Dieu dit à Moïse : Je suis celui qui suis .Et il ajouta : C'est ainsi que tu répondras aux enfants d'Israël : Celui qui s'appelle « Je suis » m'a envoyé vers vous. » (Exode 3 :14) Yahweh signifie « Je suis » aux trois temps de base de la grammaire : présent, passé, futur. Ce nom a été heureusement traduit en français par « Éternel »

Yahweh est celui qui est par soi-même, l'existence, et toutes les créatures existent en Lui. L'apôtre Paul eut le courage de souligner cette vérité à l'Aréopage d'Athènes : »car en lui nous avons la vie, le mouvement et l'être. C'est ce qu'ont dit aussi quelques-uns de vos poètes : De lui nous sommes la race. » (Actes 17 :28)

Bibliquement parlant, on peut définir Dieu comme la personne qui a sa vie en lui-même. Toutes les autres personnes ont leur vie dans le Créateur. Moi, l'auteur de ces lignes, je suis une créature parce que ma vie est en Dieu, qui me fournit la vie, le mouvement et l'être. Il me sied donc de louer celui en qui j'ai ma vie.

Par leur caractère accompli, les choses créées témoignent de la majesté de leur Créateur. Sur ce sujet le roi Salomon fit la remarque suivante : »J'ai reconnu que tout ce que Dieu fait durera toujours, qu'il n'y a rien à y ajouter et rien à en retrancher, et que Dieu agit ainsi afin qu'on le craigne. » (Ecclésiaste 3 :14)

L'Éternel emploie souvent la bouche des gosses à réduire au silence les grandes personnes vindictives. Il leur inspire des mots qui mettent fin aux disputes et confondent les malveillants. La majesté divine se manifeste même par la bouche des enfants.

On perçoit aussi la majesté divine dans les éléments de la nature dont Dieu use selon son bon plaisir. Il s'enveloppe de lumière, il forme avec des eaux le faîte de sa demeure, il prend les nuées pour son char et il s'avance sur les ailes du vent.

Il ne s'y agit seulement pas d'images artistiques, étant donné que Dieu maîtrise réellemnent tout ce qui nous environne. Un verset de l'Épître aux Hébreux débouche sur la maîtrise que l'Éternel exerce sur le feu et sur le vent. L'auteur parle de Dieu en ces termes : »Celui qui fait de ses anges des vents, et de ses serviteurs une flamme de feu. » (Hébreux 1 :7) Le vent et le feu sont donc la manifestation des anges qui servent Dieu. Qui plus est, le livre de l'Apoclypse parle de l'ange des eaux et de l'ange qui a autorité sur le feu. (Apocalypse 16 :5 ;14 :18)

Il y en a même une description où l'ange de Dieu apparaît à Moïse dans une flamme de feu : »L'ange de l'Éternel lui apparut dans une flamme de feu, au milieu d'un buisson. Moïse regarda, et voici le buisson était tout en feu, et le buisson ne se consumait point. » (Exode 3 :2) À la lumière de ce qui vient d'être avancé, on peut prendre au sans concret l'affirmation qui suit : »Notre Dieu est un feu dévorant ». (Hébreux 12 :29)

L'engagement que l'homme fait de sa propre initiative a en vue son bien-être et sa marche dans la voie de la droiture. Dans le Psaume 9, on retrouve un engagement purement spirituel. L'auteur s'y engage à louer l'Éternel de tout son coeur, et à raconter toutes ses merveilles, faisant de Lui le sujet de sa joie. Celui qui pratique ces choses se transporte dans le domaine de la foi et fait preuve en même temps d'une foi vivante. Or, la foi est un don de grâce qui assure le salut de l'âme. (Éphésiens 2 :8) Exercer sa foi est donc la plus rentable occupation que ce soit sur la Terre.

La louange de Dieu est inséparable des miracles qu'il accomplit. Ce sont les miracles véridiques qui distinguent l'Éternel des autres dieux et des humains mortels. Raconter ses miracles, c'est le louer indirectement. Lorsque l'Éternel eut séché la Mer Morte, ouvrant un passage à son peuple, et qu'il eut noyé les Égyptiens désireux de ramener les fuyants en Égypte, tous les Israélites se mirent à danser de joie. (Exode 15 :1-21) Cette joie accompagne les conteurs mêmes de cet événement, à la condition qu'ils y croient de tout coeur. Selon Nehémie, la joie du Seigneur et notre force. (Néhémie 8 :10)

La force spirituelle assure la victoire dans le bon combat de la foi, mené contre le monde et contre Satan. Abordant le sujet de cette victoire, l'apôtre Jean instruit en ces termes : »la victoire qui triomphe du monde, c'est notre foi. Qui est celui qui a triomphé du monde, sinon celui qui croit que Jésus est le Fils de Deu ? » (1 Jean 5 :4,5) Or, la louange et le témoignage de l'Éternel ont leur racine dans la foi.

Le verset tiré du Psaume 18 a comme source l'expérience guerrière du roi David. Pendant la bataille, il s'habitua à crier : »Loué soit l'Éternel ! » Lorsqu'il eut crié ainsi, l'ennemi enregistra une défaite. Ce cri fut la manifestation de sa foi devant l'armée hostile, auquel l'Éternel répondit par un secours angélique.

Qui chante à l'Éternel sinon celui qui l'aime ? Par conséquent, on en déduit que l'interprétation d'un cantique témoigne de l'amour qu'on porte à Dieu. Le psalmiste motive les chanteurs par ce que la colère divine dure peu de temps, mais la grâce dure pour toujours.

À l'avis de David, tous les instruments musicaux sont propres à la louange de Dieu : trompette, luth, harpe, tambourin, chalmeau. Le tambourin est mentionné pour la première fois à la description de la traversée de la Mer Rouge : »Marie la prophétesse, soeur d'Aaron, prit à la main un tambourin, et toutes les femmes vinrent après elle, avec des tambourins et en dansant » au le rythme des louanges. (Exode 15 :20,21) De même David, le roi, ayant été saisi d'une grande joie lors du transport de l'arche jusqu'à Jérusalem, « dansa de toute sa force devant l'Éternel, et il était ceint d'un éphod de lin. » (2 Samuel 6 :14) Si la danse au rythme des louanges fut un acte de piété au milieu du peuple d'Israël, pourquoi la considère-t-on un acte de blasphémie dans l'Église ? David même exhorte à louer l'Éternel avec des danses.

Quant à la prière, elle se manifeste par des requêtes, des supplications, des actions de grâce et des intercessions. Souvent une requête est précédé d'une exhortation à l'attention: »O Dieu ! Écoute mes cris, et sois attentif à mes prières ! » Ce n'était point étrange de la part d'un adorateur judaïque que de crier à Dieu dans sa détresse, chose scandaleuse dans plusieurs confessions chrétiennes. On oublie ce qui est écrit au sujet de Jésus même dans l'Épître aux Hébreux : »C'est lui qui, dans les jours de sa chair, a présenté, avec de gands cris et avec des larmes, des prières et des supplications à celui qui pouvait le sauver de la mort, et il a été exaucé à cause de sa piété. » (Hébreux 5 :7)

Ainsi donc, le psalmiste fait l'aveu d'avoir crié à l'Éternel, mené d'un désir ardent. Il eut l'envie d'arriver sur le Rocher où Dieu seul peut amener ses élus. Le Rocher du salut qui accompagna jadis les Israélites dans le désert, c'était Christ. (1 Corinthiens 10 :4) C'est seulement par la grâce divine qu'on peut reposer sur ce Rocher. (Romains 9 :18) C'est pourquoi les chrétiens se glorifient en Dieu.

En ce qui concerne l'exaucement des prières, il y a une diversité d'opinions. Les uns soutiennent que Dieu n'écoute point les souhaits des humains, mais il procède toujours d'après ses plans. Le autres sont d'avis que Dieu écoute les prières de ceux qui apppellent son Nom. Selon moi, l'Éternel inspire aux siens des prières conformes à ses plans afin de pouvoir les exaucer. Dans la Maison de Dieu les prières mêmes se font sous l'inspiration du Saint Esprit.

Dans l'âge de la grâce, la prière inspirée est un sacrifice agréé devant le Trône. (Hébreux 13 :15) Le sacrifice de Caïn n'a point été agréé, tandis que le sacrifice d'Abel fut d'une odeur agréable. (Genèse 4 :3-5) Lorsque les prières d'un malade s'avèrent vaines, il doit inviter chez lui les anciens de l'Églises, afin que ceux-ci l'oignent d'huile au nom de Chris et prient pour sa guérison. (Jacques 5 :13-16) Tout chrétien peut être enlacé par des péchés non confessés qui rendent ses prières superflues.

Examinons sous l'angle de ce qui vient d'être avancé le verset suivant : »O Toi, qui écoutes la prière ! Tous les hommes viendront à Toi. » La première partie est une cause, la seconde en est la conséquence. Parce que Dieu écoute les prières tous les hommes se convertiront à Lui. Toujours est-il recommandable que l'expression « tous les hommes » en soit remplacée par une autre : »tous les élus », du moment que c'est le Père qui attire les pécheurs repantants à Christ. (Jean 6 :44)

David sut que Dieu exauce les siens par des miracles. Il ne fait point des miracles pour épater le monde, mais, d'une part, pour venir en aide à ceux qui sont en détresse, et d'autre part, pour punir ses adversaires. Par exemple, dans sa bonté, il nourrit son peuple de mane céleste, et dans son courroux, incendia les villes de Sodome et de Gomorrhe. De nos jours même, il evoie des épidémies et des tremblements de terre dans les zones où la corromption bat son plein.

Le secours divin est toujours déclanché par la repentance et la conversion du peuple gémissant sous le fardeau du péché. Dieu nous délivre d'abord des liens du péché et ensuite il résout nos problèmes qui ont comme source le péché. Le psalmiste signale cette chaîne d'actions par trois verbes à l'impératif : secours-nous, délivre-nous, pardonne nos péchés. Le peuple repantant obtient le pardon de la part de Dieu, qui délivre les captifs de l'autorié des Ténèbres et apporte la guérison aux souffrants. L'Éternel secourt les hommes principalement pour la gloire de son Nom.

David motive la conversion des nations à l'Éternel par les prodiges que Dieu opère par sa puissance. Paul définissait le Père comme le Dieu « qui donne la vie aux morts, et qui appelle les choses qui ne sont point comme si elles étaient » (Romains 4 :17) Voilà les prodiges qui distinguent le Dieu vivant des princes des Ténèbres, représentés par des statues et par des peintures. Les nations se convertissent à l'Éternel parce qu'il a ressuscité Christ des morts. Notre fois à la resurrection de Jésus nous est imputée à justice. (Romains 4 :2 »,24)

Dans ce monde désespéré à cause des erreurs dûes aux mensonges démoniques, Yahweh se révèle comme une source d'espoir. Le péché a pénétré dans le monde par un mensonge, et Satan est le père du mensonge. (Genèse 3 :4 ; Jean 8 :44) Le péché entraîna la corruption, la souffrance et la mort. Le Fils envoyé en corps humaine est la solution efficace à tous les maux de l'humanité. (1 Cornthiens 1 :30) En conséquence, l'Éternel est devenu l'espoir de toutes les extrémités lointaines de la Terre.

À côté des louanges et des prières, les Israélites prirent plaisir aux bénédictions. Le plus grand bénit le plus petit, les parents bénirent les enfants et tous se plurent à bénir leur Dieu. Aujourd'hui même, ceux qui bénissent les descendants de Jacob auront part à la bénédiction et ceux qui les maudissent auront part à la malédiction. (Genèse 27 :26-29)

Dans le Psaume 103, David égrène quelques motifs pour lesquels il faut bénir l'Éterel. Après avoir pardonné nos iniquités, Dieu guérit nos maladies. Il délivre notre vie de la fosse en faisant éclater sa bonté et sa miséricorde. Il rassasie de biens notre vieillesse en nous faisant rajeunir comme l'aigle. Dans les versets 2-5, David emploie une série de phrases copulatives, qui se trouvent en rapport causale ou modale. Le pardon des iniquités et la prémisse de la guérison divine. Dieu délivre de la fosse faisant montre de sa miséricorde et de sa bonté. Il rassasie de ses biens les vieillards en les rajeunissant comme l'aigle. À un certain âge on pert l'appétit ; ce qui rend incapable de jouir de la vie. Quand l'Éternel rend l'appétit à un vieillart, Il le rajeunit de quelques ans.

L'intensité de la confiance qu'on accorde à l'Éternel diffère par rapport à la profondeur de notre connaisance sur la personnalité du Très-Haut. Les uns s'appuient sur leur sagesse et le connaissent superficiellement, les autres, menés par le Saint Esprit, le connaissent en profondeur. (1 Corinthiens 2 :10) Premièrement, on peut connaître Dieu dans la Bible sans aucune implication de l'Esprit, secondement on peut le connaître par la Parole écrite, éclairée par le Saint Esprit, troisièmement, on peut le connaître par la Parole prophétique, perçue par l'ouïe. Certains élus entendent la Parole de Dieu comme le prophète, au sujet duquel il est écrit : »l'Éternel se révélait à Samuel, dans Silo, par la parole de l'Éternel. » (1Samuel 3 :21)

Il existe donc cette variante de Parole qu'on entend, lorsqu'on converse avec Dieu. C'est la plus désirable source de la connaissance divine. L'ange révéla à Jean que le témoignage de Christ est l'Esprit de la prophétie. (Apocalypse 19 :10) Or, la prophétie est un don du Saint Esprit, qui fonctionne dans l'Église aujourd'hui même. (1.Cor. 12 :10) Pourquoi éteigne-t-on l'esprit de prophétie dans plusieurs confessions ?

La nature charnelle de l'homme adamique va toujours à l'encontre de la volonté de Dieu, laquelle est notre sanctification. Ce sachant, le psalmiste supplie Dieu de lui enseigner à faire sa volonté. Dans ce processus d'enseignement le rôle principal revient à l'Esprit de l'Éternel, qui peut conduire dans la voie droite.

Par malheur, la prière peut devenir, à force de répétitions, automatique, manquant de sentiments, démunie de vie dans l'âme. Dieu même ne prend aucun plaisir aux prières qui ne viennent pas du coeur. En revanche, il s'approche de ceux qui l'invoquent avec sincérité.

Les Israélites surent que la Divinité exige la confiance de ceux qui l'adorent. Adorer Dieu et ne pas se confier en lui, c'est un non-sens, qui se signale très souvent dans les religions de ce monde, où les divinités sont représentées par des images. Notre psalmiste n'oublie pas de préciser sa confiance en l'Éternel qui contrôle sa destinée. C'est que notre Dieu est bon et miséricordieux, tandis que les princes des Ténèbres sont assoiffés de sang.

Dans les dangers de toutes sortes, les hommes de ce monde se réfugient sous la protection des grands, s'appuient sur l'argent, cherchent secours aux sciences. Le psalmiste pense tout autrement : il met son refuge, son appui et son secours en Dieu. Afin de bénéficier pleinement du refuge, de l'appui et du secours que Dieu offre aux siens, nous devons lui céder la maîtrise de notre sort. Lorsque Dieu s'assied sur le trône de notre coeur, on peut s'attendre alors à des bénédictions plénières et à une haute protection. Ce n'est point en vain que David recommande de remettre notre sort à l'Éternel. Celui qui lui oébéit devient juste et ne chancellera jamais. D'ailleurs, Dieu ne purifie que ceux qui remettent leur sort dans ses mains. Voulez-vous devenir juste et sans tache ? Intrônez dans votre coeur le Seigneur Jésus afin qu'il dirige vos actes de volonté. Cela signifie que vous devenez son serviteur et vous poursuivez en toute chose sa volonté. Dès ce moment-là, vous ne cherchez plus à plaire aux hommes, mais à Dieu. (cf.Galates 1 :10) Arrivé à cet état de justice, vous ne chancellerez plus.

La peur pénétra dans la vie humaine au moment de la consommation du péché originaire. (Genèse 3 :10) Dès lors, l'homme craint la douleur, les accidents, l'agression, l'injustice, la maladie, les esprits impurs et la mort. On peut en faire abstraction à la condition de traverser cette vallée de l'ombre de la mort en compagnie de l'Éternel, comme le faisait le roi David.

Il est important de remarquer le fait que Chist a triomphé de la mort, et il prend les fidèles dans son char de triomphe. (1 Corinthiens 15 :56-7 ; 2 Corinthiens 2 :14)

Les traits et les attitudes de l'Éternel, ressortis dans les Psaumes

1. »Car tu n'es point un Dieu qui prenne plaisir au mal ; le méchant n'a pas sa demeure aurès de toi. Les insensés ne subsistent pas devant tes yeux. Tu hais tous ceux qui commettent l'iniquité. Tu fais périr les menteurs ; l'Éternel abhorre les hommes de sang et de fraude. » (5 :5-7)

2 .« Mais toi, Seigneur, tu es un Dieu miséricordieux et compatissant, lent à la colère, riche en bonté et en fidélité. » (86 :15)

3. »L'Éternel est bon et droit : c'est pourquoi il montre aux pécheurs la voie. Il conduit les humbles dans la justice, il enseigne aux humbles sa voie. » (25 :8,9)

4 .Oh ! Combien est grande ta bonté, que tu tiens en réserve pour ceux qui te craignent, que tu témoignes à ceux qui cherchent en toi un refuge, à la vue des fils de l'homme ! » (31 :20)

5. »L'Éternel est ma lumière et mon salut : De qui aurais-je crainte ? L'Éternel et le soutien de ma vie : De qui aurais-je peur ? » (27 :1)

6. »L'Éternel est la force de son peuple, il et le rocher des délivrances de son oint. » (28 :8)

7. »Car auprès de toi est la source de la vie ; par ta lumière nous voyons la lumière. » (36 :10)

8. »Dieu a parlé une fois, deux fois j'ai entendu ceci : C'est que la force est à Dieu. À toi aussi, Seigneur, la bonté, car tu rends à chacun selon ses oeuvres. » (62 :12,13)

9.»Béni soit l'Éternel Dieu, le Dieu d'Israël, qui seul fait des prodiges ! » (72 :18)

10. »C'est à toi qu'appartiennent les cieux et la terre, c'est toi qui as fondé le monde et ce qu'il renferme. » (89 :12)

11. »Car mille ans son, à tes yeux, comme le jour d'hier, quant il n'est plus,et comme une veille de la nuit. » (90 :4)

12. »Notre Dieu est au ciel ; il fait tout ce qu'il veut. » (115 :3)

13. »Mais le pardon se trouve auprès de toi afin qu'on te craigne. » (130 :4)

14. »Éternel ! Tu me sondes et tu me connais. Tu sais quand je m'assieds et quand je me lève, tu pénètres de loin ma pensée. » (139 :1,2)

15. »C'est toi qui as formé mes reins, qui m'as tissé dans le sein de ma mère. Quand je n'étais qu'une masse informe, tes yeux me voyaient ; Et sur ton livre étaient tous inscrits les jours qui m'étaient destinés, avant qu'aucun d'eux existe. » (139 :13,16)

16. »Car tu bénis le juste, ô Éternel !Tu l'entoures de ta grâce comme d'un bouclier. » (5 :13)

17. »Ceux qui connaissent ton nom se confient en toi.Car tu n'abandonnes pas ceux qui te cherchent, ô Éternel ! » (9 :11)

18. »L'Éternel, des hauts des cieux, regarde les fils de l'homme pour voir s'il y a quelqu'un qui soit intelligent, qui cherche Dieu. » (14 :2)

19. »Avec celui qui est bon, tu te montres bon, avec l'homme droit, tu agis selon sa droiture. Avec celui qui est pur, tu te montres pur, et avec le pervers tu agis selon sa perversité. Tu sauves le peuple qui s'humilie, et abaisses les regards hautains. (18 :26-28)

20. »Quel est l'homme qui craint l'Éternel ? L'Éternel lui montre la voie qu'il doit choisir. » (25 :12)

21. »Éternel ! Que ta grâce soit sur nous, comme nous espérons en toi ! » (33 :22)

22. »L'Éternel est près de ceux qui ont le coeur brisé, et il sauve ceux qui ont l'espit dans l'abattement. » (34 :19)

23. »Sois pour moi un rocher qui me serve d'asile, où je puisse toujours me retirer ! Tu as résolu de me sauver, car tu es mon rocher et ma forteresse. » (71 :3)

24. »Mais Dieu est celui qui juge : il abaisse l'un et élève l'autre. » (75 :8)

25. »Oh ! Si mon peuple m'écoutait, si Israël marchait dans ma voie ! En un instant je confondrais leurs ennemis, je tournerais mes mains contre leurs adversaires. » (81 :14,15)

26. »Que les fleuves battent des mains, que toutes les montagnes poussent des cris de joie, /Devant l'Éternel ! Car il vient pour juger la terre ; il jugera le monde avec justice, et les peuples avec équité. » (98 :8,9)

Dans le Psaume 5, David aligne ce qui déplaît à l'Éternel. Il ne permet au méchant d'habiter auprès de lui, il hait ceux qui commettent l'iniquité, il fait périr les menteurs, il abhorre les hommes de sang et de fraude.

Maintenant il se pose la question de savoir pourquoi Dieu permet que l'iniquité se répande sur la terre et que les méchants y pullulent. Tout simplement, parce qu'il avait prévu dans ses plans la parution du péhé et de ses conséquences désastrueuses sur la Terre. Mais, il s'est aussi fait des plans pour une création nouvelle, démunie de péché. L'actuelle création est passagère, mais la création à venir est éternelle. Chaque homme né en chair est trié par son attitude envers le péché et ses conséquences. Celui qui donne raison à l'Évangile et se reconnaît comme pécheur a toute la chance de se repentir et d'accepter Christ comme son sauveur personnel, ce qui lui vaut le salut de l'âme. Par contre, celui qui méprise l'Évangile, et reste dans le marais du péché, perd son âme dans le lac de soufre et de feu, tandis que les croyants hériteront de la Nouvelle Jérusalem.

Selon David, le Seigneur ne se délecte point à tourmenter les hommes, mais il est miséricordieux, compatissant, bon et fidèle. Son courroux s'nflamme contre ceux qui persécutent son peuple et se raillent de lui. Son courroux est donc justicier.

Dans le livre de l'Exode, l'auteur rend le portrait de l'Éternel dans les mêmes termes que David. Voilà le passage en question : »L'Éternel descendit dans une nuée, se tint auprès de lui et proclama le nom de l'Éternel. Et l'Éternel passa devant lui, et s'écria : L'Éternel, l'Éternel, Dieu miséricordieux et compatissant, lent à la colère, riche en bonté et en fidélité, qui conserve son amour jusqu'à mille générations, qui pardonne l'iniquité, la rébellion et le péché, mais qui ne tient point le coupable pour innocent, et qui punit l'iniquité des pères sur les enfants et sur les enfants des enfants jusqu'à la troisième et la quatrième génération ! » (Exode 34 :5-7)

Le lecteur non-avisé reste ébahie en lisant que Dieu, tantôt pardonne l'iniquité, tantôt le punit. Ces deux attitudes ne s'excluent-elles pas ? Le Dieu saint ne peut pardonner aucun péché sans versement de sang, autrement il devrait renoncer à sa sainteté. (cf. Hébreux 9 :22) Il pardonne donc à ceux qui se mettent sous la protection du sang de l'Agneau, et il punit le reste. En tant que pédagogue accompli, il punit les erreurs de ceux-là même qui s'en repentent afin qu'ils n'y retombent plus. Il faut quand même en convenir qu'il y a une grande différence entre punition et punition. Prêtons donc l'oreille à la promesse suivant : » J'exterminerai toutes les nations parmi lesquelles je t'ai dispersé, mais toi, je ne t'exterminerai pas ; je te châtierai avec équité, je ne puis pas te laisser impuni. » (Jérémie 30 :11) La punition est passager ici-bas, mais au-delà, elle est éternelle. Celui qui évite la seconde mort a vraiment lieu de se considérer comme exempt de punition.

La bonté de Dieu se manifeste souvent par cela qu'il découvre aux pécheurs perdus la voie de la vie. Toutefois, il n'y conduit que les humbles, les pécheurs orgueilleux continuent de s'égarer dans la voie de la perdition, loin de Dieu. Or, l'inclinaison pour l'humilité est un don inné. Ceux qui l'ont se comptent parmi les favoris de l'Éternel. À ce sujet, Jacques a laissé une sentence mémorable: »Dieu résiste aux orgueilleux, mais il fait grâce aux humbles. » (Jaques 4 :6)

La bonté de l'Éternel se manifeste d'une manière précise ici, sur cette vieille Terre, et tout autrement dans le nouvel Univers, qui contiendra une nouvelle Terre et de nouveaux cieux. Maintenant, Dieu « fait lever son soleil sur les méchants et sur les bons, il fait pleuvoir sur les justes et sur les injustes. » (Matthieu 5 :45) Alors, il accueillera dans sa tente les croyants seuls, et il réservera la peine éternelle aux incroyants. (Apocalypse 21:3-8) Maintenant même, il entoure d'un amour particulier ceux qui le craignent et témoigne de son nom devant les fils de l'homme.

L'Éternel a souvent été comparé à la lumière. Jacques le nomme « Le Père des Lumières ». (Jacques 1 :17) David le considère sa lumère et son salut. Si ma lumière et mon salut siègent en Dieu, personne ne peut me les ôter. Voilà un raisonement qui me met à l'abri de toute crainte. David ne craignit personne parce que sa lumière et son salut étaient cachés en Dieu.

La lumière symbolise la vie, les ténèbres symbolisent la mort. Jésus même se nomma la « Lumière du Monde » (Jean 9 :5) Ésaïe prophétisa sur lui en ces termes : »Moi, l'Éternel, je t'ai appelé pour le salut, et je te prendrai par la main, je te garderai, et je t'établirai pour traiter alliance avec le peuple, pour être la lumière des nations, pour ouvrir les yeux des aveugles, pour faire sortir de prison le captif, et de leur cachot ceux qui habitent dans les ténèbres. (Ésaïe 42 :6,7)

Combattant les Ténèbres par ses armes charnelles, l'homme n'a aucune chance de triomphe. Aussi lui faut-il faire appel à Dieu qui peut lui donner la victoire. C'est la signification d'une déclaration davidique de grande importance : »L'Éternel est la force de son peuple. » L'exhortation suivante a trait à ce qui vient d'être avancé : »Ayez recours à l'Éternel et à son appui, cherchez continuellement sa face ! » (Psaume 105 :4) Quand Dieu fait luire sa face sur quelqu'un, il le délivre de sous le joug des Ténèbres.

Au long des siècles, les savants et les philosophes ont élaboré plusieurs théories concernant l'origine de la vie. Les uns présument que la matière organique provienne de la matière anoganique. Les autres soutiennent que la vie provienne d'une autre planête. David est d'avis que la source de la vie est en Dieu, et il y ajoute : »par ta lumière nous voyons la lumière. » La vie est donc de la même nature que la lumière, et nous connaissons la lumière de la vie par la lumière que Dieu avait planté en Adam, notre aïeul. Christ identifie la lumière de la vie à l'esprit. (Jean 6 :63)

Jeduthun, le psalmiste, tient à ponctuer que « la force est à Dieu ». Sans conteste, la force de Dieu réside dans son Esprit, identifiable à son souffle. Dieu a créé toutes choses par sa Parole et par son Esprit. David résume l'oeuvre de la création dans une seule phrase : »Le cieux ont été faits par la parole de l'Éternel, et toute leur armée par le souffle de sa bouche. » (33 :6) Son Esprit réalisa ce qui sortit de sa bouche. D'ailleurs, il est écrit chez Zacharie : »Ce n'est ni par la puissance ni par la force, mais c'est par mon Esprit, dit l'Éternel des armées. » (Zacharie 4 :6)

Ce qui intrigue plusieurs lecteurs, c'est la formulation suivante : « Dieu a parlé une fois et deux fois j'ai entendu ceci ». Ce serait possible d'entendre deux fois une parole prononcé une seule fois ? Bien sûr, on peut entendre la même parole d'abord par l'oreille et puis par le coeur. Une parole qui pénètre jusqu'au coeur, siège de l'espit, se retient à coup sûr.

Le roi Salomon bénit l'Éternel qui est seul à faire des miracles. On sait toutefois que Satan est à même de faire des miracles par ses serviteurs. (Exode 8 :1-3 ; 2 Thess. 2 :8-10 ;Apocalypse 13 :11-13) Mais comme Satan est le père du mensonge, ses miracles sont de même mensongers. Les miracles de l'Éternel restent à jamais, mais les miracles de Satan périssent avec leur auteur.

Ethan, l'Ezrachite, reconnaît que les cieux et la terre appartiennent à l'Éternel qui a fondéle le monde et tout ce qu'il renferme. Naturellement, les choses appartiennent de droit à celui qui les a créées. Toujours y a-t-il des assertions qui désignent Satan comme prince de ce monde et dieu de ce siècle. (Jean 14 :30 ; 2 Corinthiens 4 :3,4) C'est que Satan asservit Adam lorsque celui-ci lui obéit. (cf. Romains 6 :16) En conséquence, Satan usurpe ce que Dieu légua à l'homme. (cf. Genèse 1:28) Mais, il ne faut pas oublier que ce chérubin a sa vie et son être dans son Créateur qui peut borner son activité.

Dans le Psaume 90, Moïse compare le temps passager de l'homme à l'éternité de Dieu : »mille ans sont à tes yeux comme le jour d'hier ». En vérité, la temporalité et l'éternité sont deux dimmensions de l'existence, contrôlées également par Dieu. Assis sur son trône éterel dans le Cieux, le Seigeur voit tout sur la terre et intervient par ses anges dans les événements sociaux ou individuels.

Le livre de Job précise même la maîtrise des Cieux sur la Terre. (Job 38 :33) Ayant son siège dans les Cieux, Dieu qui règle le pouvoir des Cieux sur la Terre. Paul fait mention de l'existence des trois cieux, qui exercent tous leur pouvoir sur la Terre. Le premier, c'est l'atmosphère qui nous entoure, le deuxième, c'est espace planétaire, le troisième, c'est la Jérusalem Céleste.

Le psalmise met en rapport la toute-puissance de Dieu avec le lieu où siège l'Éternel : »Notre Dieu est au Ciel ; il fait tout ce qu'il veut. » Il fait tout ce qui est conforme à ses projets et à son dessein. Par exemple, il ne peut mentir, ni commettre des iniquités. Il ne se propose pas de réaliser des choses absurdes. Par exemple, il ne se propose point de créer une pierre qu'il ne puisse ôter, car ce serait un non-sens. Tout ce qu'il réalise a une vocation et une utilité.

Dieu permit que le péché entrât dans le monde. Cet événement même a eu son rôle dans les plans divins. De cette sorte, les pécheurs perdus eurent l'occasion de connaître la miséricorde et la compassion de l'Éternel, qui pardonne les péchés des pécheurs répentants qui invoquent le nom de Jésus Christ. (Actes 10 :43) Si Adam n'avait point péché, nous, ses descendants, n'aurions pas besoin de pardon et ne connaîtrions pas la miséricorde de l'Éternel. Qui plus est, celui qui accorde le pardon et sauve des peines éternelles suscite la crainte dans les coeurs. Dans le livre de Malachie, Dieu interpelle son peuple par les mots suivants : » Si je suis père, où est l'honneur qui m'est dû ? Si je suis maître, où est la crainte qu'on a de moi ? » (Malachie 1 :6)

Dans le Psaume 139, David médite sur l'ommniprésence et l'ommniscience de l' Éternel. Par son Esprit, Dieu sonde les ceurs et les reins de ses créatures, chose révélée au psalmiste, qui n'ignore même pas que l'Éternel pénètre de loin ses pensées. Tout à fait d'accord avec David, l'auteur de l'Épître aux Hébreux déclare : »Nulle créature n'est cachée devant lui, mais tout est nu et découvert aux yeux de celui à qui nos devons rendre compte. » (Hébreux 4 :13)

Le roi David sut que ce fut Dieu qui tissa son corps lorsqu'il était dans le sein de sa mère, et, dans son livre, il fut inscrit le nombre des jours qu'il allait vivre sur cette terre. On en déduit que Dieu destine un certain nombre de jours à chaque nouveau-né.

Malgré la bonté que l'Éternel manifeste en général envers ses créatures, il se rapporte défféremment aux gens, en fonction de leurs attitudes envers la Divinité et sa Parole. Selon leurs attitudes envers Dieu, les hommes sont classés en deux grands groupes : celui des justes et celui des injustes. Le premier groupe craint l'Éternel, le second le défie.

Le Très-Haut bénit le juste et l'entoure de sa grâce comme d'un bouclier. Les justes connaissent le nom de l'Éternel et lui vouent une pleine confiance, sachant que Dieu ne quitte point ceux qui le cherchent. Si quelqu'un lit et médite la Parole, prie journellement, cherche la communion avec ses frères, il fait preuve de chercher la volonté de Dieu, lequel ne le rejette guère.

Dans son acception générale, l'expression « chercher Dieu » se rapporte à un païen qui cherche le Dieu vivant. Dans son acception restreinte, on emploie cette expression pour désigner l'état de celui qui a besoin de secours d'en Haut et cherche un appui à toute épreuve ou bien l'état celui qui désire répérer la main de l'Éternel dans tout ce qui lui arrive. L'Éternel a les yeux fixés sur les intelligents qui le cherchent dans l'acception générale de cette expression. Ces gens lui sont chers.

David sut que Dieu rend à chacun selon son oeuvre. Il se montre bon envers les bons et il traite les pervers selon leur perversité. Il sauve les humbles et humilie les orgueilleux.

Dans chaque assemblée il y a un petit groupe d'humbles qui n'élèvent point leurs voix si l'on ne leur accorde pas d'importance. Ils ne visent point à conduire les autres et ils ne se récrient d'indignation si l'on leur fait tort. À coup sûr, ces frères marchent dans la voie de la droiture à tous égards puisque Dieu les fait y marcher.

L'homme craignant Dieu n'est pas arrogant, car il a cessé d'être egocentriste et il ne cherche guère à épater ses semblables afin de recevoir leurs louanges. Il cherche les louanges qui viennent de Dieu. Un tel homme est sans doute conduit par le Saint Esprit.

On sait que l'espérance est le plus fort bastion de l'âme humaine. Lorsqu'elle cède l'âme entière s'écroule. Le psalmiste s'apperçut que la grâce de Dieu était fonction de l'espoir qu'il éprouvait vis-à-vis de l'Éternel : »Que ta grâce soit sur nous comme nous espérons en toi. » Si l'on espère peu en l'Éternel, on aura part à peu de grâce ; mais si l'on espère intensément, on sera comblé de grâce.

Sous l'effet des maladies, des deuils, de l'adversité, des torts et de la persécution, le coeur se brise et l'esprit tombe en abattement. Alors, on pense que Dieu nous a abandonnés. Mais, le psalmiste réfléchit tout autrement : »L'Éternel est près de ceux qui ont le coeur brisé et il sauve ceux qui ont l'esprit dans l'abattement. » Cet attitude divine s'explique par la compassion divine pour ceux qui passent par des épreuves visant à la perfection en matière de foi. (Jacques 1 :2-4) Quant aux épreuves de la foi, Pierre console en ces termes : »Soyez sobres, veillez. Votre adversaire, le diable, rôde comme un lion rugissant, cherchant qui il dévorera. Résistez-lui avec une foi ferme, sachant que les mêmes souffrances sont imposées à vos frères dans le monde. Le Dieu de toute grâce, qui vous a appelés en Jésus Christ à sa gloire éternelle, après que vous aurez souffert un peu de temps, vous perfectionnera lui-même, vous affermira, vous rendra inébranlables. » (1 Pierre 5 :8-10)

Plusieurs auteurs de la Bible sont d'accord pour désigner l'Éternel comme un rocher de salut. Ils voient en lui un abri au temps de la tempête. Dans les vicissitudes de cette vie, les croyants cherchent un abri en Dieu, qui a déjà résoulu de les sauver. Le verset 3 du Psaume 71, plaide donc pour la prédestination divine. Les prédestinés à la vie cherchent Dieu en vertu de leur vocation céleste en Christ, établie avant la création du monde. (Éphésiens 1 :4,5)

Le jugement est sans conteste une prérogative divine. Lorsque l'Éternel juge, il abaisse l'un et élève l'autre. Il pèse en balance l'esprit de ses créatures. Celui qui est trouvé léger perd ses fonctions et souvent sa vie. (Daniel, chap. 5) Les destitutions des fonctions publiques sont donc précédées de la mise en balance des dignitaires en question.

Au cours de l'histoire, le peuple d'Israël avait subi l'esclavage d'un grand nombre de peuples, courant même le danger d'être exterminé. (Juges 4 :1,2 ; 6 :1 ; Esther 4 :8,9) La clef de la délivrance de toute oppression se trouve dans le Psaume 81 : l'obéissance à l'Éternel.

L'avènement de l'Éternel pour instaurer sur la terre le Royaume de Paix millénaire figure dans les livres de plusieurs prophètes. (Ésaïe 2 :1-5 ; Zacharie 14 :16-21) Un jugement aura trié ceux qui y entreront. (Matthieu 25 :31-46) La venue de Christ en vue d'instaurer le Millénaire de Paix est le motif d'une joie universelle : »les fleuves battent des mains, les montagnes poussent des cris ». Christ jugera le monde avec justice, et les peuples avec équité.

Le portrait du Fils de Dieu, brossé dans les Psaumes

« Je publierai le décret ; l'Éternel m'a dit : Tu es mon fils ! Je t'ai engendré aujourd'hui. Demande-moi et je te donnerai les nations pour héritage, les extrémités de la terre pour possession. Tu les briseras avec une verge de fer, tu les briseras comme le vase d'un potier.Et maintenant, rois, conduisez-vous avec sagesse ! Juges de la terre, recevez instruction ! Servez l'Éternel avec crainte, et réjouissez-vous avec tremblement. Baisez le fils, de peur qu'il ne s'irrite, et que vous ne périssiez dans votre voie, car sa colère est prompte à s'enflammer. Heureux tous ceux qui se confient en lui ! » (2 :7-12)

2. »J'ai constamment l'Éternel sous mes yeux ; quand il est à ma droite, je ne chancelle pas. Aussi mon coeur est dans la joie, mon esprit dans l'allégresse, et mon coeur repose en sécurité. Car tu ne livreras pas mon âme au séjor des morts, tu ne permettreras pas que ton bien-aimé voie la corruption. Tu me feras connaître les sentiers de la vie ; il y a d'abondantes joies devant ta face, des délices éternels à ta droite. » (2 :8-11)

3. «Mon Dieu ! Mon Dieu ! Pourquoi m'as-tu abandonné, et t'éloignes-tu sans me secourir, sans écouter mes plaintes ?...Ma force se désèche comme l'argile, et ma langue s'attache à mon palais ; tu me réduis à la poussière de la mort.Car des chiens m'environnent, une bande de scélérats rôdent autour de moi, ils ont percé mes mains et mes pieds. Ils se partagent mes vêtements, ils tirent au sort ma tunique. » (22 :1,16-19)

4. »Portes, élevez vos linteaux, élevez-les, portes éternelles ! Que le roi de gloire fasse son entrée ! Qui est donc ce roi de gloire ? L'Éternel des Armées : Voilà le roi de gloire ! » (24 :9,10)

5. »Tu ne désires ni sacrifice ni offrande, tu m'as ouvert les oreilles ; tu ne demandes ni holocauste ni victime expiatoire. Alors je dis : Voici je viens avec le rouleau du livre écrit pour moi. Je veux faire ta volonté, mon Dieu ! Et ta loi est au fond de mon coeur. » (40 :7-9)

6. »Ton trône, ô Dieu, est à toujours ; le sceptre de ton règne est un sceptre d'équité. Tu aimes la justice, et tu hais la méchanceté : C'est pourquoi, ô Dieu, ton Dieu t'as oint d'une huile de joie, par privilège sur tes collègues. » (45 :7,8)

7. »Tu es monté sur la hauteur, tu as emmené des captifs, tu as pris en don des hommes ; les rebelles habiteront aussi près de l'Éternel Dieu. » (68 :19)

8. »Je suis devenu un étranger pour mes frères, un inconnu pour les fils de ma mère. Car le zèle de ta maison me dévore, et les outrages de ceux qui t'insultent tombent sur moi. » (69 :9,10)

9 ; »Parole de l'Éternel à mon Seigneur : Assieds-toi à ma droite, jusqu'à ce que je fasse de tes ennemis ton marchepieds. L'Éternel a juré, et il ne s'en repentira point : Tu es sacrificteur pour toujours, à la manière de Melchisédek. » (110 :1,4)

10 ; »La pierre qu'ont rejetée ceux qui bâtissaient est devenue la principale de l'angle. C'est de l'Éternel que cela est venu : C'est un prodige à nos yeux. » (118 :22,23)

Conversant avec deux de ses disciples sur le chemin d'Émmaüs, Christ « leur expliqua dans toutes les Écritures ce qui le concernait » (Luc 24 :27) Maintenant il m'incombe de commenter dans les Psaumes ce qui concerne mon Seigneur et Sauveur.

Le Psaume 2 produit l'étonnement par son début même : »L'Éternel m'a dit : Tu es mon fils, aujourd'hui je t'ai engendré. » Si David s'était fait fils de Dieu, ce ne scandaliserait aucun connaisseur de la Bible, étant donné que tout homme descend d'Adam qui apprtient à l'Éternel comme, par exemple, Sem appartient à Noé. (cf.Luc 3 :23-38) Mais David y était loin de se présenter comme fils de Dieu, du moment qu'il prophétisa, parlant au nom de Christ qui allait se naître dans sa lignée.

Par ailleurs, les descendants d'Adam ont perdu le droit de se nommer fils de Dieu par la raison qu'ils naissent tous dans le péché. Or, un pécheur n'a comment nommer Père le Saint d'Israël. Dieu n'a que des enfants saints en Christ. Ce droit a donc été réconquiert par Christ au profit de ceux qui croient et se font disciples dans l'eau du baptême. (Jean 20 :17)

Dans ce psaume Chris paraît comme l'héritier des extrémités de la Terre et des nations qui les habitent. Mais ces attitudes envers les païens sont spécifiques à la loi qui châtie les pécheurs : il les brise avec une verge de fer comme un vase de potier. Comme tel, il inspire de la crainte aux rois et aux juges de la terre. Prompte à s'enflammer, sa colère se manifestera pleinement au jour du jugement dernier.

La grâce du Seigneur Jésus ne s'est point découverte que dans les pages de l'Évangile. Voilà un témoignage à ce sujet : »La Loi a été donnée par Moïse, la grâce et la vérité sont venues par Jésus-Christ. » (Jean 1 :17) La grâce est donc venue sur la terre en même temps que la Parole créatrice s'est faite chair. (Jean 1 :1-14) Pout autant, il ne faut jamais faire abstraction de la Loi qui fait briller la nécessité de la grâce. La grâce repose sur la Loi.

Il n'y a personne qui puisse observer la Loi demandant la mort du pécheur. En donnant sa vie pour satisfaire aux exigences de la Loi, Jésus offre gratuitement la vie éternelle à ceux qui se fient à son sacrifice sur la croix de Golgotha. (Romains 6 :23) De cette sorte, la Loi est devenue un guide conduisant à Jésus. (Galates 3 :24) Après cet âge de grâce, marqué par la présence de l'Église sur la Terre, l'âge de la Loi reviendra en force avec l'enlèvement de l'Église. Alors, le Fils s'irritera de nouveau contre les rebelles, renonçant délibérément à sa miséricorde, car l'époque de la grâce aura pris fin. On dit heureux ceux qui, de leur vivant, se confient en lui et échappent de la sorte au courroux du Très-Haut. (1Thessaloniciens 1 :9,10)

Au jour de Pentecôte, Pierre cita ce passage du Paume 16 pour attester que l'âme de l'Oint ne devait pas rester au séjour des morts et son corps ne devait point voir la corrupion. Voilà le verset en question : »Tu ne livreras pas mon âme au séjour des morts et tu ne permettras pas que ton saint voie la corruption. » Ce language laisse à déduire que l'Oint allait ressusciter. C'est ce qui se passa avec Christ le troisième jour de sa crucifixtion.

Quoique Jésus descendît en esprit au séjour des morts pour prêcher « aux esprits en prison » qui, aux jours de Noé, furent incrédules, il en monta avec son gerbe de captifs jusqu'au Ciel, dans un corps incoruptible. (cf. 1 Pierre3 :18,19 ; 4 :6)

Le Psaume 22 est entièrement dédié aux souffrances de Christ, faisant toutefois entrevoir les conséquences heureuses de son sacrifice expiatoire. Le premier cri du Seigneur crucifié comprend ces mots : »Mon Dieu, mon Dieu, pourquoi m'as-tu abandonné ? » Par cette question débute aussi ce psaume prophétique. Chargé des péchés de ce monde, Christ cessa d'être en communion avec le Père Saint. Cette séparation fut à même de lui arracher ce cri de désespoir.

Exposé à la chaleur torride du midi, Jésus sentit se déchésser ses forces et sa langue s'attacher à son palais. Par surcroît, il était entouré de la moquerie d'une bande de scélérats. Il ne manque pas à ce tableau les éléments essentiels de la crucifixion : »ils ont percé mes mains et mes pieds ».

Le Psaume 24 prophétise sur l'entrée de Christ en Jérusalem, le Dimanche des Rameaux, pour y remporter la victoire définitive sur Satan. Il est à retenir que les choses terrestres sont l'ombre des choses célestes. (Hébreux 8 :3-5) Ainsi donc, la Jérusalem terrestre renvoie à la Jérusalem céleste. L'entré de Christ dans la Jérusalem d'en bas préfigure son entrée dans la Jérusalem d'en Haut. Il est entré dans cette Jérusalem passagère pour s'offrir en sacrifice dans un monde dominé par Satan, afin de racheter les élus de l'esclavage du péché et des ses conséquences désastreuses. Comme de juste, Christ eut un accueil triomphale ici-bas, mais son triomphe battit son plein lorsqu'il entra avec son propre sang dans le Temple de la Jérusalem céleste. (Hébreux 9 :11-13)

Les portes de la ville s'ouvrirent et donnèrent accès au Roi de Gloire, qui est l'Éternel des Armées. Cette expression-ci certifie la Divinité de Christ, contestée par plusieurs théologiens diplômés. Si le Psaume 24 ne leur paraît pas assez concluant à ce sujet, une révélation reçue par Zacharie leur s'imposera par la force de la prophétie : »Alors je répandrai sur la maison de David et sur les habitants de Jérusalem un esprit de grâce et de supplication. Et ils tourneront les regards vers moi, celui qu'ils ont percé. » (12 :10) Qui a donc été percé, le Père ou le Fils ? Bien-sûr le Fils, qui porte le titre divin de l'Éternel des Armées, exactement comme son Père. Selon une déclaration de Christ, le Fils et le Père sont inséparables : »Moi et le Père, nous sommes un. » (Jean 10 :29) Posté sur ce fondement, Paul fait une assertion colossale : »Car Dieu était en Christ, réconciliant le monde avec lui-même, en n'imputat aux hommes leurs offenses, et il a mis en nous la parole de la réconciliation. » (2 Corinthiens 5 :19)

Les versets pris dans le Psaume 40 renvoient au Fils éternel avant son incarnation, lorsqu'il avait une existence purement spirituelle en sa qualité de Parole créatrice. (cf.Jean 1 :1-14) En tant que Parole de l'Éternel, le Christ préincarné renferma toute la Loi. Cette hypostase lui resta aussi après sa naissance humaine. Il sut que le Père en avait assez des victimes d'animales, éprouvant le désir d'un sacrifice parfait, dont le sang puisse purifier tout à fait les consciences de toute souillure. Voilà pourquoi le Fils s'engagea à descendre sur la Terre pour accomplir la purification des péchés. L'avènement de l'Agneau du ciel figura d'ailleurs dans les plans divins.

Dans le Psaume 45, le fils de Coré s'expriment assez confusément pour ceux qui ne sont point versés dans la Parole de Dieu : »ô Dieu, ton Dieu t'as oint d'une huile de joie, par privilège sur tes collègues ». Ici le psalmiste s'adresse à Dieu qui a son Dieu à Lui et des collègues de service. Ce language n'étonne point les connaisseurs de l'enseignement sur la Sainte Trinité. Le Christ incarné est à la foi Dieu et Homme. Quant à son Esprit, il est Dieu, quant à son corps, il est homme faisant partie de la postérité de David. Aussi, après même sa glorification, appelle-t-il le Père son Dieu. (Apoclypse 3 :2) Dans le Royaume des Cieux tous servent le Père, y compris le Fils et le Saint Esprit.

Par ailleurs, l'Esprit qui habite la gloire du Père est répandu dans tout l'Univers. Le Fils même est né de l'Esprit du Père. (Luc 1 :35) Sortant du Père, la Parole et l'Esprit devinrent identifiables, tout en restant organiquement liés au Père. Voilà pourquoi on parle d'un seul Dieu qui se manifeste en trois personnes.

Il est instructif de savoir que dans le Royaume de Dieu tout est de nature spirituel : le Père, le Fils, l'Esprit, les anges, la ville, les pierres, la rivière, l'arbre de la vie, la cène, la communication. Le Fils est descendu de sa gloire dans ce monde matériel, souillé de péchés, pour en transporter dans son monde pure ceux qui reçoivent la Parole de l'Évangile. « Celui qui s'attache au Seigneur est avec lui un seul esprit. » (1Corinthiens 6 :17) Sur la base de ce principe, Jésus emmène des captifs dans son Royaume. Les âmes sauvées de la mort éternelles sont le résultat du combat que Jésus mena contre le Royaume de Satan. Le jour de sa mort biologique, le Seigneur est descendu en Esprit à la prison souterraine et en fit sortir les saints. Présentant les signes qui marquèrent la mort de Jésus, Matthieu mentionne : » Et voici le voile du Temple se déchira en deux, depuis le haut jusqu'en bas, la terre trembla, les rochers se fendirent, et plusieurs corps des saints qui étaient morts ressuscièrent. » (Matthieu 27 :51,52) Il y eut donc lieu une résurrection en corps célestes.

En tant que Fils, Christ se caractérise par une forte passion pour la Maison de Dieu. Il lui revint de fonder, bâtir et de garder cette maison ici, sur la terre, contrée du péché et de la corruption. Ayant remarqué son zèle dévorant pour le Royaume de Dieu, ses frères charnels se moquèrent souvent de lui. (Marc 4 :21; Jean 7 :1-5)

Concernant la Maison de Dieu, l'auteur de l'Épître aux Hébreux consigne : »sa maison ; c'est nous, pourvu que nous retenions jusqu'à la fin la ferme confianc et l'espérance dont nous nous glorifions. » (Hébreux 3 :6) Ainsi donc, la Maison de Dieu, c'est l'Église de Christ, peuplée de croyants baptisés dans la mort et dans la résurrection de Jésus. (Romains 6 :3-7) Cette Église est comparable à un bâtiment que le Seigneur édifie par ses serviteurs conduits par le Saint Esprit. (1 Cor.3 :9) Maintenant, comment pourrais-je prétendre avoir l'Esprit de Christ si je n'avais ce zèle dévorant pour la Maison de Dieu ?

Le Psaume 110 prophétise sur l'élèvement de l'Oint. Christ y est invité à s'asseoir à la droite du Père jusqu'à ce que tous ses ennemis lui soient assujettis. Assis sur le Trône, Jésus remplit les fonctions de scrificateur éternel, à la manière de Melchisédek.

« Ce Melchisédek était roi de Salem, sacrificateur du Dieu Très-Haut. » (Hébreux 7 :1-3) De même Chist est roi et sacrificateur à perpétuité. Ayant été tenté comme nous en toutes choses, sans commettre de péchés, Christ compatit à nos faiblesses et nous secourt dans nos besoins. (Hébrex 4 :14-16)

Il est évident que la Maison de Dieu a comme fondement la personne de Christ. (1Corinthiens 3 :10,11) Par malheur, les bâtisseurs juifs ont rejeté la pierre angulaire de ce bâtiment, une merveille à nos yeux. Quelle merveille est comparable à l'incarnation de Dieu ? Les Juifs n'y croyaient pas et ont mis à mort le Fils de Dieu. De cette sorte, Jésus est devenu une pierre d'achoppement et un rocher de scandale. « Celui qui tombera sur cette pierre s'y brisera et celui sur qui il elle tombera sera écrasé ». (Matthieu 21 :44)

La parole, la loi et le commandement de Dieu

1 .« Les paroles de l'Éternel sont des paroles pures, un argent éprouvé sur terre au creuset, et sept fois épuré. Toi, Éternel, tu les garderas, tu les préserveras de cette race à jamais. » (12 :7,8)

2. »La loi de l'Éternel est parfaite, elle restaure l'âme ; le témoignage de l'Éternel est véritable, il rend sage l'ignorant. Les ordonnance de l'Éternel sont droites, elles réjouissent le coeur ;les commandements de l'Éternel sont purs, ils éclairent les yeux. » (19 :8 ;9)

3. »La voix de l'Éternel fait jaillir des flammes de feu. La voix de l'Éternel fait trembler le désert ; l'Éternel fait trembler le désert de Kadès. La voix de l'Éternel fait enfanter la biche, elle dépouille les forêts. » (29 :7-9)

4. »Dans leur détresse, ils crièrent à l'Éternel, et il les délivra de leurs angoisses. Il envoya sa parole et les guérit, il les fit échapper de la fosse. » (107 :19,20)

5. »Comment le jeune homme rendra-t-il pur son sentier ? En se dirigeant d'après ta parole. » (119 :9)

6. »Je serre ta parole dans mon cœur, afin de ne pas pécher contre toi. » (119 :11)

7. »Je fais mes délices de tes status, je n'oublie point ta parole. » (119 :16)

8. »Fais du bien à ton serviteur, pour que je vive et que j'observe ta parole. Ouvre mes yeux, pour que je contemple les merveilles de ta loi. » (119 :17,18)

9. »Fais-moi comprendre la voie de tes ordonnances, et je méditerai sur tes merveilles ! Mon âme pleure de chagrin : Relève-moi selon ta parole ! Éloigne-moi de la voie du mensonge, et accorde-moi la grâce de suivre ta loi ! » (119 :27-29)

10. »Il m'est bon d'être humilié, afin que j'apprenne tes status. » (119 :71)

11. »Que tes compassions viennent sur moi, pour que je vive ! Car ta loi fait mes délices. » (119 :77)

12 ; »À toujours, ô Éternel, ta parole subsiste dans les cieux. » (119 :89)

13. »Si ta loi n'avait fait mes délices, j'aurais alors péri dans ma misère. Je n'oublierai jamais tes ordonnances, car c'est par elles que tu me rends la vie. » (119 :92,93)

14. »Tes commandements me rendent plus sage que mes ennemis, car je les ai toujours avec moi. » (119 :98)

15. »La révélation de tes paroles éclaire, elle donne de l'intelligence aux simples. » (119 :130)

16. »Fais luire ta face sur ton serviteur, et enseigne-moi tes status. » (119 :135)

17. »Le salut est loin des méchants, car ils ne cherchent pas tes status. » (119 :155)

18. »Considère que j'aime tes ordonnances ; Éternel, rends-moi la vie selon ta bonté ! »(119 :159)

19. »Je me réjouis de ta parole, comme celui qui trouve un grand butin. » (119 :162)

Sans aucun doute, la nature humaine a comme axe de son existence la capacité de communication en paroles. Les humains parlent, en revanche les autres créatures sont privées du langage. C'est que Dieu a créé l'homme à son image et à sa ressemblance. Cette formulation ne se limite point aux capacités psychiques de l'homme, mais elle se rapporte aussi à l'aspect extérieur de l'homme qui rend l'image de Dieu. (Ezéchiel 1 :26-28)

Certains exégètes de la Bible nient que Dieu ait un visage, un coeur, des yeux, des mains, dont les auteurs de la Bible font souvent mention. Ils soutiennent que le renvoi à ses organes humains tient du symbolisme biblique. Ces théologiens diplômés font un mauvais service à ceux qui cherchent Dieu, en les dirigeant vers un domaine chaotique. L'Éternel institua la famille afin que tout homme puisse le percevoir comme un Père. Adam, le premier homme, a été créé comme fils de Dieu. (Luc 3 :23-38) Or, tout fils ressemble à son père.

Avant sa chute, Adam, garda son statut de fils divin et sa ressemblance parfait au Père. Ses paroles étaient pures, et son comportement était sans tache. Mais le péché originel permit l'ingérance satanique dans la trinité humaine, comprise d'esprit, d'âme et de corps. En conséquence la postérité d'Adam a été soumise à la corromption. Le langage des hommes devint impur, parsemé d'obscénités, de mensonges, de blasphémies.

Par contre, les paroles des prophètes et des apôtres, ayant été inspirées par le Saint Esprit, se caractérisent par la pureté et par la vérité. Le Psaume 12 a trait à ces paroles-ci lorsqu'il précise : »Les paroles de l'Éternel sont des paroles pures. » Ce qui intrigue dans ce psaume, c'est la constation que Dieu garde ses paroles de cette génération. Pourquoi et comment Dieu garde-t-il ses paroles d'une certaine catégorie de gens ? Par l'expression « cette génération » le Saint Esrit comprend les gens qui se moquent du Royaume de Dieu et font la chasse aux plaisirs de cette vie passagère. Ces gens-là persécutent les saints et mettent à mort les prophètes et les sages envoyés par Dieu. L'Éternel ne permet pas que ces gens pénètrent les profondeurs de sa Parole. Encore qu'ils la lisent, ils n'y voient que des contradictions. La méconnaissance de la Parole par les gens de ce monde a certainement été prévue dans les plans divins. (Matthieu 13 :10-15)

Le Psaume 19 fait montre des bénéfices qui résultent de l'usage de la loi, des témoignages et des commandements divins. La loi restaure l'âme, les témoignages rendent sage l'ignorant, les ordonnances réjouissent le cœur, les commandements éclairent les yeux. Ce sont en fait les différentes structures que revêt la Parole. Celle-ci alimente l'âme et la remplit de pensées, de sentiments et de volonté. La parole divine assagit l'ignorant, lui fournissant des connaissances d'en Haut. Elle réjouit le cœur, en le remplissant d'espérance. Enfin, elle éclaire les yeux sur la condition humaine, sur la vanité d'une vie éloignée de Dieu et sur les voies qui mènent à une éternité heureuse.

Le Psaume 29 attire l'attention sur les effets de la voix de l'Éternel. Tout d'abord, la voix de Dieu fait jaillir des flammes de feu. Du temps du roi Achab, le culte de Baal s'est répandu dans toute la Samarie. Alors, le prophète Élie initia une émulation entre les serviteurs de l'Éternel et ceux de Baal. Il défia les sacrificateurs de Baal de pouvoir faire descendre du feu sur leur autel garni d'un sacrifice. Quant à lui, Élie refit l'autel de l'Éternel et y mit un veau taillé en pièces. Sur sa prière, le feu descendit du ciel et consomma la victime. (1 Rois 18 :22-40) Ce feu descendit sur l'ordre prononcé de Dieu, sur sa voix.

La voix de Dieu fait trembler le désert. Les tremblements de terre se produisent de même sur l'ordre de l'Éternel. Il est toutefois vrai que la voix du Dieu saint fait trembler les habitants pécheurs du désert de ce monde. L'Éternel va juger chacun selon ses œuvres. Il peut absoudre et il peut châtier.

La voix de l'Éternel fait enfanter la biche et dépouille les forêts. Chaque créature naît à son ordre, y compris le faon. Il contrôle les naissances et les décès.

Le Psaume 107 s'inspire aux pérégrinations de 40 ans que le peuple d'Israël effectua dans le désert. Comme ils avaient tenté Dieu et s'étaient doutés de son omniprésence, ils eurent part à son courroux. Mais, dans leur détresse, ils crièrent à l'Éternel, qui envoya sa parole et les guérit et les fit échapper à la fosse. La parole de Dieu est esprit vivant et elle fait vivre ceux qui l'accueillent. (Jean 6 :63)

Voilà ce qui est écrit quant à la parole : »Car la parole de Dieu est vivante et efficace, plus tranchante qu'une épée quelconque à deux tranchants, pénétrante jusqu'à partager âme et esprit, jointures et moelles ; elle juge les sentiments et les pensées du cœur. » (Hébreux 4 :12) La parole sortant du cœur de Dieu œuvre divinement dans les personnes qui la reçoivent, jusqu'à guérir des maladies incurables. En tant que vérité absolue, la parole est capable d'affranchir les esclaves du mensonge démonique. (Jean 8 :31)

En tant que transgression de la Loi, le péché souille l'esprit, l'âme et le corps. Or, la souillure du péché donne accès aux démons dans la trinité humaine. Le mensonge souille l'âme, l'adultère souille le corps, la magie souille l'esprit. Se garder pur des souillures de ce monde est une question capitale de tout homme pieux. Le psalmiste y répond de manière inspirée : »Comment le jeune homme rendra-t-il pur son sentier ? En se dirigeant d'après ta parole. » La parole divine s'impose comme le meilleur guide dans le sentier de la pureté.

Le cœur est le siège de l'esprit, source de vie. Le psalmiste trouve bon de serrer la parole de Dieu dans son cœur pour ne pas pécher contre l'Éternel. Le cœur étant à la fois le siège de l'affection, celui qui se passionne pour la parole la serre réellement dans son cœur.

Ici sur la terre, on peut oublier maintes choses. Celui qui oublie la parole donne sans doute dans le piège tendu du Malin. Mais, il y échappe certainement celui qui fait ses délices des ordonnances de Dieu. Afin de se délecter des paroles divines, on doit sonder leurs profondeurs sous la conduite du Saint-Esprit. Les nouveautés qu'on y découvre constamment font naître une passion louable devant Dieu.

Le Psaume 119 s'impose comme une ode dédiée à la Parole de Dieu. Le psalmiste y poursuit principalement l'observation de la loi qui assure une longue vie terrestre. Selon lui, on peut atteindre cet objectif si ses yeux s'ouvrent sur les merveilles de la loi.

La compréhension des voies des commandements divins, que l'Éternel accorde aux siens, ouvre la porte de la méditation menant à de nouvelles connaissances. Cependant il y a un danger qui guette l'homme craignant Dieu, c'est la voie du mensonge, dont Dieu seul peut nous éloigner. Aussi l'auteur prie-t-il Dieu de l'écarter de cette voie périlleuse.

L'obstacle de l'obéissance envers Dieu, c'est l'orgueil ancestral. L'antidote de l'orgueil, c'est l'humiliation. L'auteur remercie Dieu de l'avoir humilié et, de cette sorte, l'avoir mis en état d'accueillir la parole. L'Éternel humilie par des souffrances, des accidents, des deuils, des maladies, des insuccès, des faillites. Paul enseigne qu'on doit remercier Dieu de toutes choses, car toutes choses concourent au bien de ceux qui aiment Dieu. (Éphésiens 5 :20 ; Romains 8 :28)

Il est profitable de savoir que les compassions de l'Éternel viennent sur ceux qui se délectent à la loi divine. La Parole les comble de ses bénédictions : joie du coeur, éclaircissement des yeux, sagesse de l'âme.

Les choses terrestres sont passagères, les choses célestes sont éternelles. Il est donc avantageux qu'on attache son cœur aux choses célestes, dont la parole de Dieu. Le palmiste énonce : » À toujours, ô Éternel, ta parole subsiste dans les cieux ». Il faut y ajouter une méditation de l'apôtre Pierre : »Car toute chair est comme l'herbe, et toute sa gloire comme la fleur de l'herbe. L'herbe sèche, et la fleur tombe. Mais la parole du Seigneur demeure éternellement. Et cette parole est celle qui vous a été annoncée par l'Évangile. » (1 Pierre1 :24,25) Pour devenir éternel, l'homme mortel doit accueillir dans son cœur l'Évangile de Jésus-Christ, le Seigneur.

La vie a comme source l'Esprit de Vérité qui procède de l'Éternel, tandis que l'esprit de Satan, étant corrompu, est source de mort. La parole de Dieu est elle aussi esprit et vérité qui sanctifie ceux qui la reçoivent, lui ajoutant foi. (cf. Jean 17 :17) Par conséquent, ceux qui oublient la loi périssent. Le psalmiste s'engage à ne jamais oublier les ordonnances par lesquelles Dieu lui rend la vie.

À coup sûr, les commandements de l'Éternel portent l'empreinte de la sagesse d'en Haut. Voilà pourquoi l'homme pieux est plus sage que tous ses ennemis qui s'ancrent dans la sagesse d'en Bas. Dans le chapitre 3 de son Épître, Jacques fait mention de ces deux sagesses qui s'opposent l'une à l'autre.

La parole de Dieu introduit dans le monde spirituel, invisible aux yeux charnel, mais perceptible aux yeux spirituels qu'elle ouvre au profit de ceux qui croient. Ce que la parole révèle donne intelligence aux simples, démunis d'orgueil. D'ailleurs, Christ exclue du Royaume de Dieu ceux qui ne le reçoivent pas comme des enfants.

Certes, l'apprentissage dans le domaine des Écritures est fonction de la bienveillance divine. Si Dieu fait luire sa face sur moi, j'y enregistre des progrès. Si l'Éternel détourne sa face de moi, je me recule dans ce domaine.

Le psalmiste montre le motif pour lequel le salut côtoie les méchants : ceux-ci ne cherchent point les commandements divins. Le mépris qu'ils en éprouvent leur fait perdre le salut de l'âme.

La somnolence spirituelle se doit à l'amour et aux soucis de ce monde qui envahissent l'âme et l'esprit du croyant. Alors, celui-ci a besoin d'un éveil qui symbolise la résurrection de la mort spirituelle. Le réveil spirituel commence par le retour à la parole qu'on vient de négliger. La phrase « rends-moi la vie selon ta bonté » est une requête qui vise le réveil spirituel.

L'homme naturel se réjouit énormément des trésors de ce monde passager : or, diamant, perles, argent, richesse de biens matériels, qui lui permettent de mener une vie de lux. Par contre, le dévot se réjouit de la parole comme celui qui a trouvé un grand butin. Cette parole le mène dans une cité où les routes sont en or.

La création et la condition humaine

1. « Quant je contemple les cieux, ouvrage de tes mains, la lune et les étoiles que tu as créées : Qu'est-ce que l'homme pour que tu te souviennes de lui ? Et le fils de l'homme pour que tu prennes garde à lui ? Tu l'as fait de peu inférieur à Dieu, et tu l'as couronné de gloire et de magnificence. Tu lui as donné la domination sur les œuvres de tes mains, tu as tout mis sous ses pieds. »

2. »À l'Éternel la terre et ce qu'elle renferme, le monde et ceux qui l'habitent ! Car il l'a fondée sur les mers, et affermie sur les fleuves. » (4 :1,2)

3. »De sa haute demeure, il arrose les montagnes ; la terre est rassasiée du fruit de tes œuvres. Il fait germer l'herbe pour le bétail, et les plantes pour les besoins de l'homme, afin que la terre produise de la nourriture. » (14 :13,14)

4. »Tous ces animaux espèrent en toi pour que tu leur donnes la nourriture en son temps. Tu la leur donnes, et ils la recueillent ; tu ouvres ta main, et ils se rassasient de biens. Tu caches ta face : ils sont tremblants ; tu leur retires le souffle : ils expirent et retombent dans la poussière. Tu envoies ton Esprit : ils sont créés ; et tu renouvelles la face de la terre. » (104 :27,28)

5. »Si l'Éternel ne bâtit la maison, ceux qui la bâtissent travaillent en vain ; si l'Éternel ne garde la ville, celui qui la garde veille en vain. En vain vous vous levez de bon matin, vous vous couchez tard, et vous mangez le pain de douleur ; il en donne autant à ses bien-aimés pendant leur sommeil. » (127 :1,2)

6. »Tout ce que l'Éternel veut, il le fait dans les cieux et sur la terre, dans les mers et dans tous les abîmes. » (135 :6)

7. »L'Éternel agira en ma faveur, Éternel ; ta bonté dure toujours, n'abandonne pas les oeuvres de ta main ! » (138 :8)

8. »L'Éternel aime ceux qui le craignent, ceux qui espèrent en sa bonté. » (147 :11)

9. »Plusieurs disent : Qui nous fera voir le bonheur ? Fais lever sur nous la lumière de ta face, ô Éternel ! Tu mets dans mon cœur plus de joie qu'ils n'en ont quand abondent leur froment et leur moût. Je me couche et je m'endors en paix, car toi seul, ô Éternel, tu me donnes la sécurité dans ma demeure. » (4 :7-9)

10. »Délivre-moi des hommes par ta main, Éternel, des hommes de ce monde ! Leur part est dans la vie, et tu remplis leur ventre de tes biens ; leurs enfants sont rassasiés, et ils laissent leur superflu à leurs petits enfants. Pour moi, dans la justice, je verrai ta face ; dès le réveil, je me rassasierai de ton image. » (17 :14,15)

11. »Quand un malheureux crie, l'Éternel entend, et il le sauve de toutes ses détresses. L'ange de l'Éternel campe autour de ceux qui le craignent, et il les arrache au danger. » (34 :7,8)

12. »Voici tu as donné à mes jours la largeur de la main, et ma vie est comme un rien devant toi. Oui, tout homme debout n'est qu'un souffle. Oui, l'homme se promène comme une ombre, il s'agite vainement ; il amasse, et il ne sait qui recueillera. » (39 :6,7)

13. »Pourquoi craindrais-je au jour du malheur, lorsque l'iniquité de mes adversaires m'enveloppe ? Ils ont confiance en leurs biens, et ils se glorifient de leur grande richesse. Ils ne peuvent se racheter l'un l'autre, ni donner à Dieu le prix du rachat. » (49 :6-8)

14. »Et invoque-moi au jour de la détresse : je te délivrerai, et tu me glorifieras. » (50 :15)

15. » Voici je suis né dans l'iniquité, et ma mère m'a conçu dans le péché. » (51 :7)

16. »Tu comptes les pas de ma vie errante ; recueille mes larmes dans ton outre. Ne sont-elles pas inscrites dans ton livre ? » (56 :9)

17. »J'avais dit : Vous êtes tous dieux, vous êtes tous les fils du Très-Haut. Cependant vous mourrez comme des hommes, vous tomberez comme un prince quelconque. » (82 :6,7)

18. »Il aimait la malédiction : Qu'elle tombe sur lui ! Il ne se plaisait pas à la bénédiction : Qu'elle s'éloigne de lui ! » (109 :17)

19. »Elle a du prix aux yeux de l'Éternel, la mort de ceux qu'il aime. » (116 :15)

20. »Je ne mourrai pas, je vivrai, et je raconterai les œuvres de l'Éternel. » (118 :17)

21. »Éternel, délivre mon âme de la lèvre mensongère, de la langue trompeuse. » (120 :2)

La contemplation du ciel étoilé, ouvrage des mains de l'Éternel, fait penser à la petitesse de l'homme qui est quand même au centre d'intérêt de Dieu qui lui a soumis toutes choses qui existent sur la Terre. Adam, le premier homme n'était point privé de gloire divine, étant créé à la ressemblance de Dieu. Mais ses descendants, nés dans le péché originaire, en sont privé, selon un témoignage de l'apôtre Paul : »Il n'y a point de distinction. Car tous ont péché et sont privés de la gloire de Dieu. » (Romains 3 :3)

Comme Dieu a confié la terre entière à Adam et à sa postérité, l'homme est devenu l'économe des biens terrestres. Il doit les administrer intelligemment pour ne pas les dissiper et ne pas compromettre leur qualité.

Quoiqu'il gère les trésors de ce monde, l'homme ne devrait point oublier qu'ils appartiennent de droit à leur Créateur. C'est pourquoi, il devrait les administrer de manière à obtenir l'approbation du Maître. Dans tout ce qu'il entreprend, il devrait se conformer aux principes d'amour, de compassion et d'équité qui se retrouvent dans les pages des Écritures.

Les richesses de ce monde portent bibliquement le nom de Mammon. Dans la parabole de « L'économe infidèle », Jésus aborde le thème de l'administration des biens terrestres. (Luc 16 :1-13) Ayant été dénoncé comme dissipant les biens de son maître, l'économe infidèle fait un plan pour que les emprunteurs de son maître le reçoivent dans leurs maisons lorsqu'il aura perdu son emploi. Aussi falsifie-t-il les lettres de créance en faveurs de ses clients. Ce fourbe fut loué car il avait agi en homme avisé : il fit les démarches nécessaires pour s'assurer un avenir heureux. La conclusion que Jésus tira de ce récit est la suivante : »Faites-vous des amis avec les richesses injustes, pour qu'ils vous reçoivent dans les tabernacles éternels, quant elles viendront à vous manquer. »

Celui qui nous reçoit dans les tabernacles éternels, c'est Dieu. L'accueil qu'il nous y fait dépend, dans le contexte de cette parabole, de la manière dont nous avons administré les biens de ce monde, surnommés biens injustes, car ils appartiennent à Dieu, et nous les administrons comme s'ils nous appartenaient en propres.

Si nous les considérons comme nos propres richesses, elles peuvent aisément devenir des idoles qui nous séparent de l'Éternel, au cas où nous mettons toute notre confiance en elles. Or, les idolâtres n'héritent point du Royaume de Dieu. Provoqué par un jeune homme riche désirant avoir la vie éternelle, Jésus fit une affirmation étonnante : »Il est plus facile à un chameau de passer par le trou d'une aiguille qu'à un riche d'entrer dans le Royaume de Dieu. » (Matthieu 19 :24)

Cette Terre, créée pour être un nid de vie, et le ciel qui l'environne appartiennent à leur Créateur. Même les hommes ne s'appartiennent pas en leur qualité de créatures. Tout homme devrait s'accommoder à cette idée afin de pouvoir mener une vie juste. Les hommes s'enflent d'orgueil sur la base de leur prétendue indépendance et se permettent de divaguer. Prêtons l'oreille à ce que déclare l'homme inspiré : »À l'Éternel la terre et ce qu'elle renferme, le monde et ceux qui l'habitent. » Dans un autre psaume, il est encore plus convaincant : » Sachez que l'Éternel est Dieu ! C'est lui qui nous a faits, et nous lui appartenons ; nous sommes son peuple, le troupeau de son pâturage. » (Psaume 100 :3) La théorie darwiniste, qui attribue la parution de l'homme au hasard, ôte l'humanité entière à l'autorité de Dieu et la lance sur la route de l'errance.

Certains cercles de philosophes religieux accréditent l'idée que le Créateur, une fois l'œuvre de création achevée, cesse de porter soin à ses créatures qui s'acheminent automatiquement vers leur destination. Cette conception est privée de tout fondement biblique. Par contre, Dieu surveille la marche des événements afin de mener à bien ses plans. (Jérémie 1 :11,12) Cette surveillance est d'autant plus nécessaire que la tierce des anges s'est révoltée contre Lui, et le premier couple humain est tombé sous la puissance de Satan. (Apocalypse 12 :3 ; Genèse, chapitre 3)

L'Éternel a soin que la terre produise de la nourriture pour les bêtes et pour l'homme. Il dirige donc les conditions climatiques, fait pousser l'herbe, les légumes et les arbres fruitiers. Tous les animaux se rassasient des aliments que Dieu met à leur disposition. De plus, Il fournit à tous la chaleur, l'air et l'eau potable.

Toute somme, Dieu se soucie de toutes ses créatures, mais il se soucie aussi de renouveler la face de la terre. Lorsqu'il retire son souffle (esprit) les êtres expirent, lorsqu'il envoie son souffle de nouveaux êtres sont créés.

Le psalmiste est l'adepte de la collaboration avec Dieu, parce que les choses réalisées séparément ne durent point. Les maisons bâties sans Dieu s'écroulent, et les cités gardées sans Dieu sont prises. Avant de commencer un certain travail, il faut donc appeler le nom de l'Éternel.

Adam a été maudit lorsqu'il avait tombé en péché : il doit gagner son pain à la sueur de son visage. Mais l'Éternel en donne aux siens pendant leur sommeil, c'est-à-dire, sans effort.

À quoi peut-on reconnaître les bien-aimés de Dieu ? À ce qu'ils reçoivent certaines choses de valeur sans aucun effort de leur part. Ce n'est pas que Dieu encouragerait les fainéants, mais il distingue ceux qui le craignent. Par exemple, le prophète Daniel était un bien-aimé de Dieu. (Daniel 9 :22,23) Il est arrivé « ministre » dans l'Empire Perse. (Daniel (6 :1,2) Mais il ne cessa pas de prier trois fois par jour malgré un décret royal défendant le culte de Dieu un mois entier.

Le verset 6 du Psaume 135 proclame tout simplement la toute-puissance de Dieu : »Tout ce que l'Éternel veut, il le fait dans les cieux et sur la Terre. » Toutefois, il ne peut pas faire ce que sa sainteté condamne : il ne peut mentir, ni frauder, ni agir sans aucun but.

Tout ce qu'il entreprend est en faveur de ses élus, et il achève tout ce qu'il commence à leur profit. Le psalmiste est sûr que Dieu n'abandonnera jamais ceux qui le craignent.

À quoi sont-ils reconnaissables ceux qui craignent Dieu ? À leurs attitudes envers l'Éternel, dont la confiance et l'espérance. Ils espèrent inébranlablement en sa bonté.

Le Seigneur Jésus, qui exerce actuellement la puissance divine sur la Terre et sur les cieux, ne laissera en perdition ceux qui craignent son Père. Il les attirera vers lui afin qu'ils aient l'âme sauve. Dans les Actes des Apôtres, Luc, l'auteur de ce livre, fait mention de Lydie, une commerçante craignant Dieu, séjournant dans la ville de Philippes. « Le Seigneur lui ouvrit le cœur, pour qu'elle fût attentive à ce que disait Paul. » Elle se fia à l'Évangile et fut baptisée sur place. (Actes 16 :14,15)

David aborde aussi le sujet du bonheur : »Qui nous fera voir le bonheur ? » Le bonheur vient quand l'Éternel fait lever sur nous la lumière de sa face. Alors la joie inonde les cœurs, une joie qui ne se rattache point à l'abondance du froment et du moût. Lorsque Dieu fait lever la lumière de sa face, il lui assure la paix et la sécurité. La joie et la paix sont donc deux entités qui composent le bonheur.

Le roi David divisa les hommes en deux groupes, selon leurs priorités. Les uns cherchèrent avant tout à satisfaire aux besoins de leur corps, les autres cherchèrent avec priorité la face de Dieu. Le premier groupe fait partie de ce monde, le second n'est point de ce monde. Les uns héritent des biens de ce monde, les autres ont leur héritage dans le Ciel. Dans sa prière sacerdotale, Jésus prononça des phrases d'une grande profondeur par rapport à ses disciples: »Je leur ai donné ta parole ; et le monde les a haïs, parce qu'ils ne sont pas du monde, comme moi je ne suis pas du monde. » (Jean 17 :14) Maintenant, il se pose la question de savoir qui reçoivent la parole d'en Haut. Ceux qui sont d'en Haut. Les croyants ne sont pas de ce monde exactement comme Christ même n'en est pas. Or, Christ était céleste avant même son baptême dans le Jourdain.

Le malheureux qui crie à l'Éternel dans sa détresse ne peut être qu'un homme craignant Dieu, à preuve l'ange qui campe autour de lui. Lorsqu'on appelle le nom de Dieu, l'ange gardien intervient en faveur du malheureux qui crie.

La vie terrestre suscite souvent le mécontentement des humains. La durée de cette vie est comparable à la largeur d'une main, l'homme n'est qu'un souffle, il se promène comme une ombre, il s'agite vainement, car il quitte enfin tous ses trésors. Cette triste réalité fait aigrir les incroyants, mais non pas les croyants, qui fixent leurs regards sur les récompenses célestes. Voilà comment Paul console les Romains : »J'estime que les souffrances du temps présent ne sauraient être comparées à la gloire à venir qui sera révélée pour nous. » (Romains 8 :18)

Lorsqu'on tombe dans les mains de ses ennemis déclarés, on est saisi de frayeur. Le psalmiste refuse de craindre des adversaires sur qui pèse le fardeau de leurs iniquités. Il n'est point logique de craindre ceux qui encourent le courroux de l'Éternel punissant toute iniquité. La crainte de Dieu anéantit la crainte des hommes.

Les adversaires des hommes pieux se glorifient de leurs richesses, mais leurs trésors ne leur permettent pas de se racheter l'âme, qui se rachète à prix de sang pur, sang de Jésus Christ. À ce propos, Pierre enseigne : »Vous savez que ce n'est pas par des choses périssables, par de l'argent et de l'or, que vous avez été rachetés de la vaine manière de vivre que vous aviez héritée de vos pères, mais par le sang précieux de Christ, comme d'un agneau sans défaut et sans tache. » (1 Pierre 1 :18,19)

Il est intéressant d'énoncer que les malheurs des croyants contribuent à accroître la gloire de Dieu. Dans sa détresse, l'homme d'élection invoque l'Éternel qui le délivre et reçoit ensuite ses actions de grâce. La reconnaissance prodigue des remerciements.

Après avoir commis l'adultère avec Bath-Schéba, David reçut la visite du prophète Nathan, qui le convainquit de péché. Le Psaume 51 décrit l'état d'âme du roi, survenu suite à cette visite. Dans son humilité, David confesse : »Voici je suis né dans l'iniquité, et ma mère m'a conçu dans le péché. » C'est la source des égarements humains. Les hommes ne naissent point dans une confession quelconque, mais dans le péché. Ils doivent donc se repentir et se fier au sacrifice de Christ, à leur maturité.

Nés dans le péché pour ce qui est de leur corps, les élus font figure d'étrangers sur cette terre, où ils subissent de mauvais traitements. Voilà pourquoi Dieu compte leurs pas et recueille leurs larmes dans son outre.

Jésus se défendit citant des versets du Psaume 82, lorsqu'on le condamnait de s'être arrogé le titre de fils de Dieu. Il y est écrit : »Vous êtes des dieux, vous êtes tous les fils du Très-Haut. » L'évangéliste Luc mentionne dans la généalogie de Jésus qu'Adam est de Dieu. (Luc 3 :23-38) Toutefois, sa postérité née en péché est devenue mortelle.

Selon l'apôtre Pierre, les psaumes 69 et 109 contiennent des prophéties sur Juda, « qui a été le guide de ceux qui ont saisi Jésus. » (Actes1 :16-20) Les malédictions tombent sur ceux qui en profèrent, mais ceux qui aiment bénir sont bénis. Juda est tombé sous malédiction.

L'énoncé suivant intrigue les mortels outre mesure : »Elle a du prix, aux yeux de l'Éternel, la mort de ceux qui l'aiment. » L'éteinte de la vie d'un élu pourquoi réjouit-elle Dieu ? Parce que l'âme ne s'éteint pas, et l'élu décédé charnellement aura l'occasion de rencontrer Dieu en esprit. Ainsi donc l'âme sauvée retourne à la maison paternelle. C'est une occasion de grand festin. (cf. Luc 15 :11-31)

D'ailleurs, l'éventualité de la mort biologique était loin d'attrister Paul, qui dans l'une de ses épîtres consigna : »Car Christ est ma vie, et mourir m'est un gain. » (Épître aux Philippiens 1 :21) C'est que celui qui mène une vie christique verra son Seigneur après sa mort. (2 Corinthiens 5 :8)

Dans cette vie terrestre on traverse souvent des dangers de mort. Toutefois, Dieu nous en sauve mainte fois jusqu'au jour fatidique, écrit dans son livre. Aussi, peut-on dire à plusieurs reprises avec le psalmiste : »Je ne mourrai pas, je vivrai et je raconterai les œuvres de l'Éternel. » Aussi longtemps qu'on témoigne des œuvres de l'Éternel il y a encore des arguments pour vivre.

Sans contredit, les paroles mensongères et trompeuses constituent un piège pour l'âme. Selon Jacques la sanctification personnelle commence par la maîtrise de la langue. (Jacques 3 :5-12) Celui qui maîtrise sa langue arrive à maîtriser tout son corps. Pour arriver à cette performance le psalmiste demande le secours du Seigneur : »Éternel, délivre mon âme de la lèvre mensongère, de la langue trompeuse ! »

Le Seigneur tient à lancer un avertissement à ce sujet : »Je vous le dis : au jour du jugement ; les hommes rendront compte de toute parole vaine qu'ils auront proférée. » (Matthieu 12 :36) À son tour Paul avertit Timothée en ces termes : »Évite les discours vains et profanes ; car ceux qui les tiennent avancent toujours plus dans l'impiété. » (2Timothée 2 :16)

Deux catégories d'hommes

1 .« Heureux l'homme qui ne marche pas selon le conseil des méchants, qui ne s'arrête pas sur la voie des pécheurs, et qui ne s'assied pas en compagnie des moqueurs. Mais il trouve son plaisir dans la loi de l'Éternel, et qui la médite jour et nuit. » (1 :1,2)

2. »Heureux celui à qui la transgression est remise, à qui le péché est pardonnée ! Heureux l'homme à qui l'Éternel n'impute pas l'iniquité, et dans l'esprit duquel il n'y a point de fraude. » (32 :1,2)

3. »Du lieu de sa demeure, il observe tous les habitants de la terre, Lui qui forme le cœur à tous, qui est attentif à toutes leurs actions. » (33 :14,15)

4. »Heureux la nation dont l'Éternel est le Dieu ! Heureux le peuple qu'il choisit pour son héritage ! » (33 :12)

5. »Si tu sondes mon cœur, si tu le visites la nuit, si tu m'éprouves, tu ne trouveras rien : Ma pensée n'est pas autre que ce qui sort de ma bouche. » (17 :3)

6. »Il ne se rétracte point, s'il fait un serment à son préjudice. Il n'exige point d'intérêt de son argent, et n'accepte point de don contre l'innocent. » (15 :4,5)

7. »La bouche du juste annonce la sagesse, et sa langue proclame la justice. La loi de son Dieu est dans son cœur ; ses pas ne chancellent point. » (37 :30,31)

8. »Comme une biche soupire après des courants d'eau, ainsi mon âme soupire après toi, ô mon Dieu ! » (42 :2)

9. »Heureux celui qui s'intéresse au pauvre ! Au jour du malheur l'Éternel le délivre. L'Éternel le garde et lui conserve la vie. Il est heureux sur la terre, et tu ne le livres pas au bon plaisir de ses ennemis. » (41 :2,3)

10. »Ma chair et mon cœur peuvent se consumer : Dieu sera toujours le rocher de mon cœur et mon partage. » (73 :26)

11. »Faits des vœux à l'Éternel, votre Dieu, et accomplissez-les ! Que tous ceux qui l'environnent apportent des dons au Dieu terrible ! » (76 :12)

12. »Heureux qui placent en toi leur appui ! Ils trouvent dans leur cœur des chemins tout tracés. Leur force augmente pendant la marche, et ils se présentent devant Dieu à Sion. » (84 :6,8)

13. »Les justes croissent comme le palmier, ils s'élèvent comme le cèdre du Liban. Ils portent encore des fruits dans la vieillesse, ils sont pleins de sève et verdoyants. Pour faire connaître que l'Éternel est juste. Il est mon rocher, et il n'y a point en lui d'iniquité. » (92 :13, 15,16)

14. »Vous, qui aimez l'Éternel, haïssez le mal ! Il garde les âmes de ses fidèles, il les délivre de la main des méchants. » (97 :10)

15. »Justes, réjouissez-vous en l'Éternel, et célébrez par vos louanges sa sainteté ! » (97 :12)

16. »Je ne mettrai rien de mauvais devant mes yeux ; je hais la conduite des pécheurs ; elle ne s'attachera point de moi. » (101 :3)

17. »La crainte de l'Éternel est le commencement de la sagesse, tous ceux qui l'observent ont ne raison saine. Sa gloire subsiste à jamais. » (111 :10)

18. »Le méchant dit avec arrogance : Il ne punit pas ! Il n'y a point de Dieu ! Voilà toute ses pensées. »

19. »Ceux-ci s'appuient sur leurs chars, ceux-là sur leurs chevaux ; nous invoquons le nom de l'Éternel, notre Dieu. Eux, ils plient, et ils tombent ; nous, nous tenons ferme, et restons debout. » (20 :8,9)

20. »De faux témoins se lèvent : Ils m'interrogent sur ce que j'ignore. Ils me rendent le mal pour le bien : Mon âme est dans l'abandon. » (35 :11,12)

21. »Le méchant emprunte, et il ne rend pas ; le juste est compatissant et il donne. » (37 :21)

22. »Car des étrangers se sont levés contre moi, des hommes violents en veulent à ma vie ; ils ne portent pas leurs pensées sur Dieu. » (54 :5)

23. »Les méchants sont pervertis dès le sein maternel, les menteurs s'égarent au sortir du ventre de leur mère. » (58 :4)

24. »Ils mettent du fiel dans ma nourriture et, pour apaiser ma soif, ils m'abreuvent de vinaigre. » (69 :22)

25. »Ils sont confus tous ceux qui servent les images, qui se font gloire des idoles. Tous les dieux se prosternent devant lui. » (97 :7)

26. »Ils firent un veau en Horeb, ils se prosternèrent devant une image de métal fondu. Ils échangèrent leur gloire contre la figure d'un bœuf qui mange l'herbe. » (106 :18,20)

27. »Tu menaces les orgueilleux, ces maudits, qui s'égarent loin de tes commandements. » (119 :21)

28. »Si les méchants croissent comme l'herbe, si tous ceux qui font le mal fleurissent, c'est pour être détruits à jamais. » (92 :8)

David définit la première catégorie d'hommes d'abord par ce qu'ils appellent le nom de l'Éternel, secondement par ce qu'ils ont une bonne cœur, troisièmement par ce qu'ils se gardent purs de toute souillure, en se conformant à la loi divine. Le premier groupe d'hommes porte le nom de justes. Brosser le portait du juste est le but de la première partie de cette étude.

Le passage tiré du Premier Psaume précise ce qu'évite le juste. Il ne marche pas selon le conseil des méchants, il ne s'arrête pas sur la voie des pécheurs, et il ne s'assied pas en compagnie des moqueurs. Celui qui veut se sanctifier doit donc prendre garde à sa marche, et à son passe-temps et à sa compagnie. Quant à sa marche, il doit rejeter les conseils des méchants, dans ses actes, il ne doit pas imiter les pécheurs, dans ses loisirs, il doit s'éloigner des moqueurs. Ce faisant, il s'assure le temps de lire et de méditer la parole de l'Éternel, source de sagesse. Dans ce monde corrompu, il faut fuir les larcins de temps afin de pouvoir mettre du temps aux choses utiles.

Le juste se distingue par ce que son esprit est démuni de fraude, motif pour lequel l'Éternel ne lui impute pas l'iniquité commise par inadvertance et lui pardonne le péché. Le juste ne se propose jamais de nuire à ses semblables ou bien d'offenser Dieu. S'il le fait quand même par mégarde, il s'en repent au moment où il s'en rend compte. En revanche, l'injuste ne peut dormir s'il ne fait tomber personne.

Sans aucun doute, le siège de la vie se trouve dans le cœur. Or, c'est Dieu qui forme le cœur des hommes, y mettant un esprit selon son plan, et il s'attend à ce que la conduite des hommes se conforme à l'esprit de vie dont ils disposent. Les actions de tous les hommes ont donc comme essor l'esprit qui habite dans leurs cœurs. Mais, dans ce monde corrompu le cœur se corrompt aussi lorsque les esprits errants y pénètrent par ce qu'on voit, entend et fait. La suivante mise en garde est des plus solennelles : »Garde ton cœur plus que toute autre chose, car de lui viennent les sources de la vie. » (Proverbes 3 :23)

Dieu se délecte à sonder les cœurs et les reins. (1 Samuel 16 :7) Après ses recherches, il choisit ses serviteurs. Selon la Loi, il a choisi la postérité d'Abraham comme son héritage. Aussi, Abraham est devenu le père de tous ceux qui ont la foi des saints. Il se fia à un Dieu qui ressuscite les morts. (Romains 4 :17) Ainsi donc, tous ceux qui croient à la résurrection des morts sont des fils d'Abraham. De nos jours même, la foi d'Abraham est imputée à justice à tous ceux qui croient à la résurrection de Christ. (Romains 4 :20-25)

David comprit aussi que Dieu examine le cœur des humains, de préférence la nuit. L'Éternel recherche le cœur pour voir s'il y a de la fraude, qui consiste essentiellement à cacher par l'art des paroles les pensées profondes du cœur. David a formulé son innocence en cette phrase : »Ma pensée n'et pas autre que ce qui sort de ma bouche. »

Plusieurs hommes rétractent la promesse qui est sorti de leur bouche. Pensons seulement aux divorces qui fourmillent sur la terre. Le juste ne désavoue jamais ce qu'il a dit, quitte à en souffrir. Il ne prête point à usure, il ne se laisse point acheter.

« La bouche parle de l'abondance du coeur. » Les paroles étalent donc ce que renferme le cœur. « La bouche du juste annonce la sagesse, et sa langue proclame la justice. » Le sage parle et agit sans faute. Sa sagesse le conduit sur le chemin de la perfection. Dans ses discours, le sage prend parti pour la justice et condamne l'injustice. Dans toutes ces pratiques, il est conduit par la loi de Dieu qui siège dans son cœur. Voilà pourquoi il ne chancelle pas.

Sans doute, les hommes se distinguent-ils aussi par leurs aspirations. Les uns vivent exclusivement pour manger, boire et se divertir. Les autres cherchent des choses pérennes. Le psalmiste soupire après Dieu, comme une biche soupire après les courants d'eau. Selon Jérémie, l'Éternel est la source d'eau vive. (Jérémie 2 :13) Celui qui cherche avant tout Dieu ne sera pas confus au dernier jugement.

Rejetant tout égoïsme excessif, le juste s'intéresse aux pauvres, leur offrant de l'aide. En compensation, Dieu le délivre au jour du malheur et le fait échapper au bon plaisir de ses ennemis.

Le « moi » égocentrique se manifeste par des pensées comme celles-ci : »Dans cette situation, qu'est-ce qui m'arrivera ? Quel profit aurai-je à la suite de cette action ? Mon bon renom souffrira-il si je procède comme ça ? » Par contre, la nature christique m'impose des pensées comme celles-ci : » Qu'est-ce qui résulte pour Dieu dans cette situation ? Mon acte glorifie-t-il Christ ou non ? Si je procède comme ça, je causerai de la joie à mon Dieu ? » C'est la pensée christocentrique qui caractérise les fidèles.

Le penseur christocentrique n'est point affecté de ce qui arrive à son corps, à son bien-être, à son renom, s'il reste en obéissance envers son Maître. Le psalmiste eut des pensées similaires lorsqu'il fit la déclaration suivante : »Ma chair et mon cœur peuvent se consumer : Dieu sera toujours le rocher de mon cœur et mon partage.» Notre corps appartient au monde passager, tandis que Dieu fait partie du monde éternel, étant à la fois son créateur. Il ressuscite les morts en corps incorruptibles. (1 Corinthiens 15 :35-58)

Les hommes de Dieu ont la coutume de faire des vœux à l'Éternel dans des situations de crise, lorsque la prière et le jeûne ne suffisent point pour en sortir. Par exemple, Jacob, après avoir eu une vision de nuit dans le désert, étant en route vers la Mésopotamie, fit ce vœux : » Si Dieu est avec moi et me garde pendant ce voyage que je fais, s'il me donne du pain à manger et des habits pour me vêtir, et si je retourne en paix à la maison de mon père, alors l'Éternel sera mon Dieu. » (Genèse 28 :20,21) Pour sortir d'une crise ou bien pour obtenir une chose ardemment désirée, on fait des vœux dont l'accomplissent sert à la gloire de Dieu. Par exemple, un malade incurable peut faire le vœu de donner un somme considérable aux missionnaires, si Dieu le guérit. Lorsqu'on accomplit son vœu, on apporte un don au Dieu terrible.

D'habitude, les hommes prennent pour appui l'argent, leurs amis, leurs parents, les agences d'assurance etc. Le psalmiste considère heureux ceux qui placent en Dieu leur appui, car ils trouvent dans leurs cœurs des chemins tout tracés, c'est-à-dire que l'Éternel leur offre des solutions à leurs problèmes. Par conséquent, leurs forces augmentent pendant la marche jusqu'à ce qu'ils arrivent à destination : le Sion céleste.

Souvent l'arbre symbolise l'homme dans les pages de la Bible. Plantés dans la maison de l'Éternel, les justes sont pleins de sève et portent des fruits dans leur vieillesse, en récompense pour leur service. C'est que Dieu est juste et il n'y a point en lui d'iniquité. Abraham a vécu 175 ans, Moise, 120, et Josué, 110. (Genèse 25 :7 ; Deutéronome 34 :7 ; Josué 24 :29)

Un autre trait caractéristique des justes, c'est qu'ils haïssent le mal, selon l'exhortation suivante : »Vous, qui aimez l'Éternel, haïssez le mal ! » En Bible, la notion de haine est plus qu'un sentiment. La haine y est une attitude d'opposition. Par exemple, celui qui hait le mal s'oppose à toutes les manifestations du Malin : au mensonge, à la fraude, à la violence, à la corruption des mœurs, aux hérésies, à la magie, à l'idolâtrie, à l'hypocrisie. Dieu délivre de la main des méchants ceux qui haïssent le mal.

Les gens de ce monde se réjouissent en maintes choses, mais ils ne se réjouissent point en l'Éternel, dont ils font abstraction. L'exhortation de se réjouir en l'Éternel s'adresse donc exclusivement aux justes. D'ailleurs, la foi est inconcevable sans joie. Celui qui confesse de coeur à l'existence de Dieu est rempli de joie par sa propre confession. Confesser Dieu et rester froid envers lui, c'est de la foi formelle.

Beaucoup de choses se répandent par imitation. L'homme répète ce qu'il entend et ce qu'il voit. Voilà pourquoi il faut sélecter les scènes auxquelles on assiste. Ce n'est donc pas en vain que David décida de ne pas mettre rien de mauvais devant ses eux. Celui qui hait la perversion évite les milieux pervers. Il refuse de regarder ce qu'il hait, et la conduite des pécheurs ne s'attachera point de lui.

L'un des caractéristiques de notre temps, c'est que les gens perdent la raison saine, qui cherche toujours l'utilité des choses et rejette le dommage. La perte de la raison saine s'explique par le rejet de la crainte de l'Éternel, laquelle est le commencement de la sagesse. Dans l'actuelle conjecture, il n'est pont étonnant que les gens fument au mépris de l'avertissement écrit sur le paquet de cigarettes. Ce qui compte ce n'est pas l'utilité, mais la mode, établie des gens frivoles. Lorsque les mœurs se corrompent les pervers occupent des fonctions publiques.

La seconde catégorie d'hommes comprend ceux qui ne connaissent point l'Éternel, ceux qui ont un mauvais cœur et boivent l'iniquité comme l'eau. Le roi Salomon les décrit ainsi : »ils ne dormiraient pas s'ils n'avaient fait le mal, le sommeil leur serait ravi, s'ils n'avaient fait tomber personne. » (Proverbes 4 :16) David les désigne par le terme d'injustes ou par celui de méchant.

Rien ne peut déterminer le méchant à renoncer à ses habitudes violentes. S'il acceptait l'existence d'un Dieu justicier, il devrait capituler. Mais, pour se maintenir sur ses positions, il décida de nier l'existence de Dieu. La pensée qui le hante, c'est qu'il n'y pas de Dieu.

Étant donc athée par nécessité, l'injuste s'appuie sur les éléments de ce monde visible. Pendant la bataille, il se confie dans son char et dans ses chevaux. Il n'espère aucune aide de la part du Dieu invisible. S'il tombe, il ne se relèvera pas.

L'injuste se plaît à rendre de faux témoignages. S'il se mêle à l'assemblée des justes, il pose des questions auxquelles il n'y a pas de réponses dans les Écritures. Il rend le mal pour le bien et bouleverse l'âme de ceux qui l'approchent.

Le méchant manque de responsabilité. S'il emprunte de l'argent, il ne daigne pas les rendre. Il ne sait pas ce que c'est l'empathie. Il endommage les autres sans aucun remords.

Dans le Psaume 54, David se plaint des étrangers qui en veulent à sa vie. Ce sont des hommes violents qui ne pensent point à Dieu. S'ils portaient leur pensée à Dieu, ils renonceraient à leurs desseins criminels. Le méchant n'est point rebuté de l'idée de l'homicide.

Dans le Psaume 58, il y a un verset frappant : »Les méchants sont pervertis dès le sein maternel, les menteurs s'égarent au sortir du ventre de leur mère. » Mais, il paraît moins frappant à considérer que c'est l'esprit qui imprime un chemin quelconque à toute créature. Or, l'esprit se met en mouvement dès le sein maternel. L'éducation et le milieu social peuvent tempérer un esprit, mais ils ne peuvent pas le transformer. Lorsque la surveillance de l'éducateur s'interrompt, l'esprit de violence se manifeste aussitôt sans entrave. Il y a des gens qui mettent à mort leurs propres parents.

Les méchants sont habiles à tourmenter leurs semblables. Dans un psaume prophétique, David note: » Ils mettent du fiel dans ma nourriture, et, pour apaiser ma soif, ils m'abreuvent de vinaigre. » C'est ce que les soldats romains faisaient à Christ.

Certains conducteurs religieux refusent d'accepter que le culte des portraits peints et des statues est en horreur à l'Éternel, se défendant que ces images représentent Dieu le Père, Jésus-Christ, les saints anges et les martyres de la foi. Ils oublient qu'il y a une interdiction formelle sur ce sujet. (Exode 20 :4-6) Qui plus est, la foi salvatrice ne se relie pas aux choses visibles, mais au Dieu invisible. (Hébreux 11 :1) Le culte des images est spécifique aux religions errantes de ce monde. Par conséquent, ceux qui odorent des images se mettent sous l'autorité de Satan. Voilà pourquoi le psalmiste condamne ceux qui servent des images. Ils seront confus au jour du jugement dernier.

Le Psaume 106 fait mention d'un piège où sont tombés les Israélites lorsque Moïse était monté sur le mont de Horeb. Aaron leur fit un veau d'or, auquel il attribua le nom d'Éternel, et ils lui consacrèrent une fête. (Exode 32 :1-6) Alors, Aaron fit une gaffe parce qu'il craignit les idolâtres. Il échangea sa gloire d'homme contre l'image d'un veau qui mange l'herbe. Au point de vue créationniste, le culte de images qui représente des animaux est un non-sens.

Selon la Loi, toute sorte d'idolâtrie est un égarement. Dieu menace les orgueilleux qui s'égarent loin des commandements divins. Ces gens sont des maudits.

En toute chose il faut considérer la fin. La fin des méchants est dramatique. Maintenant ils croissent comme l'herbe, mais ils finissent par être jetés dans la fournaise. (Apocalypse 20 :10-15)

La voie du salut

« Regarde, réponds-moi, Éternel, mon Dieu ! Donne à mes yeux la clarté, afin que je ne m'endorme du sommeil de la mort. » (13 :4)

2. »L'Éternel est mon partage et mon calice ; c'est toi qui m'assures mon lot ; Un héritage délicieux m'est échu, une belle possession m'est accordée. » (16 :5,6)

3. »L'Éternel m'a traité selon ma droiture, il m'a rendu selon la pureté de mes mains ; car j'ai observé les voies de l'Éternel, et je n'ai point été coupable envers mon Dieu. » (18 :21,22)

4. »Tu sauves le peuple qui s'humilie, et tu abaisses les regards hautains. » (18 :28)

5. »Tu me ceins de force pour le combat, tu fais plier sous moi mes adversaires. » (18 :40)

6. »Que l'Éternel t'exauce au jour de la détresse, que le nom du Dieu de Jacob te protège. » Que du sanctuaire il t'envoie du secours, que de Sion il te soutienne. » (20 :2,3)

7. »Toutes les extrémités de la terre penseront à l'Éternel et se tourneront vers lui ; toutes les familles des nations se prosterneront devant sa face. » (22 :28)

8. »Tous ceux qui espèrent en toi ne seront pas confus ; ceux-là seront confus qui sont infidèles sans cause. » (25 :3)

9. »Mon cœur dit de ta part : Cherchez ma face ! Je cherche ta face, ô Éternel ! » (27 :8)

10. »Je remets mon esprit entre tes mains ; tu me délivreras, Éternel, Dieu de vérité ! » (31 :6)

11. »Je t'instruirai et te montrerai la voie que tu dois suivre ; je te conseillerai, j'aurai le regard sur toi. » (32 :8)

12. » Voici l'œil de l'Éternel est sur ceux qui le craignent, sur ceux qui espèrent en sa bonté. Afin d'arracher leur âme à la mort et de les faire vivre au milieu de la famine. » (33 :18,19)

13. »Fais de l'Éternel tes délices, et il donnera ce que ton cœur désire. Recommande ton sort à l'Éternel, mets en lui ta confiance, et il agira. » (37 :4,5)

14. »J'avais mis en l'Éternel mon espérance ; et il s'est incliné vers moi, et il a écouté mes cris. Il m'a retiré de la fosse de destruction, du fond de la boue ; et il a dressé mes pieds sur le roc, il affermi mes pas. Il a mis dans ma bouche un cantique nouveau, une louange à notre Dieu ; beaucoup l'ont vu, et ont eu de la crainte, et ils se sont confiés en l'Éternel. » (40 :2-4)

15. »Rassemblez-moi mes fidèles, qui ont fait alliance avec moi par le sacrifice ! Et les cieux publieront sa justice, car c'est Dieu qui juge. » (50 :5,6)

16. »Celui qui offre pour sacrifice des actions de grâce me glorifie ; et à celui qui veille sur sa voie je ferai voir le salut de Dieu. » (50 :23)

17. »Les sacrifices qui sont agréables à Dieu, c'est un esprit brisé. O Dieu, tu ne dédaignes pas un cœur brisé et contrit. » (51 :19)

18. »Cependant je suis toujours avec toi, tu m'as saisi la main droite ; Tu me conduiras par ton conseil, puis tu me recevras dans la gloire. » (73 :23,24)

19. »Rétablis-nous, Dieu de notre salut ! Cesse ton indignation contre nous ! T'irriteras-tu contre nos à jamais ? Prolongeras-tu ta colère éternellement ? Ne nous rendras-tu pas à la vie, afin que ton peuple se réjouisse en toi ? Éternel ; fais nous voir ta bonté, et accorde-nous ton salut ! » (85 :5-8)

20. »Car tu es mon refuge, ô Éternel ! Tu fais du Très-Haut ta retraite. Aucun malheur ne t'arrivera, aucun fléau n'approchera de ta tente. Car il ordonnera à ses anges de te garder dans toutes tes voies ; ils te porteront sur les mains, de peur que ton pied ne heurte contre une pierre. » (91 :9-12)

21. »Quand je dis : Mon pied chancelle ! Ta bonté, ô Éternel, me sert d'appui. Quand les pensées s'agitent en foule au-dedans de moi, tes consolations réjouissent mon âme. » (94 :18,19)

22. »Oui, tu as délivré mon âme de la mort, mes yeux des larmes, mes pieds de la chute. » (116 :8)

23. »L'Éternel est ma force et le sujet de ma louange ; il est devenu mon salut. Des cris de triomphe et de salut s'élèvent dans les tentes des justes. La droite de l'Éternel manifeste sa puissance. » (118 :14,15)

Au sens large, la notion biblique du salut se rapporte à la libération de l'âme humaine de la souffrance éternelle qui attend ceux qui meurent dans leurs péchés. Le lac de feu et de soufre a été préparé pour Satan et ses anges. (Matthieu 25 :41) Mais il est aussi le partage de ceux qui restent toute leur vie sous la puissance de Satan. La perdition éternelle à laquelle ceux-ci ont part est l'antipode du salut éternelle à laquelle ont part ceux qui se repentent de leurs péchés et reçoivent dans leur cœur Christ et font alliance avec la Sainte Trinité dans l'eau du baptême.

Au sens restreint, le salut ramène à la sauvegarde du corps et de la vie humaine des périls qui les guettent sur cette terre : maladie, accident, mort, trouble mental, démons, larcins, meurtriers, famine, banqueroute, de différentes catastrophes. Tous ces maux ont comme origine le péché. L'inventeur du péché, c'est le Diable, surnommé Malin. Les maux viennent donc du Malin. Celui qui nous sauve des maux, c'est le bon Dieu. Aussi, l'Éternel porte-t-il le titre de Dieu Sauveur. Il a envoyé son fils dans notre monde pour anéantir Satan et ses oeuvres. (Hébreux 2 :14,15 ; 1.Jean 3 :8)

Dans sa jeunesse, David était un homme de guerre. Souvent, il étai entouré de ses ennemis, exposé au danger de mort. Dans le premier verset, il prie pour survivre au contact de ses adversaires. La clarté de ses yeux symbolise la survivance. David supplie l'Éternel de garder la clarté de ses yeux.

Ce monde et ce qu'il renferme est voué à la perdition. (1 Pierre 3 :10) Hériter les choses de ce monde est donc un héritage illusoire. David ne poursuit pas d'illusions, il désire un tout autre héritage, réservé aux sauvés. Il déclame : »L'Éternel est mon partage et mon calice. » En prophétisant, il se transpose dans la situation de Christ : »Un héritage délicieux m'est échu, une belle possession m'est accordée ». En tant que Créateur, Christ hérite de l'Univers entier. (Hébreux 1 :1) Quant à nous, ses disciples, nous sommes cohéritiers avec lui. (Romains 8 :16,17) C'est le plus glorieux aspect du salut divin.

Ouvrage aux accents de triomphe, le Psaume 18 date du jour où l'Éternel a délivré David de la main de Saul, qui en avait voulu à sa vie. Cette délivrance de Dieu, David l'attribue à la pureté de ses mains. Il aurait pu tuer deux fois le roi Saul, mais il s'était gardé de frapper l'oint de Dieu.

L'orgueil pousse vers la révolte contre Dieu et vers la querelle entre hommes. Poussé par l'orgueil, l'un des chérubins osa défier l'Éternel. (Ésaïe 14 :13,14) L'orgueil est donc le noyau de tous les péchés. Ce préambule motive assez bien le suivant constatation : »Tu sauves le peuple qui s'humilie et tu abaisses les regards hautains. » Dieu verse sa grâce sur les pécheurs repentants et s'oppose aux hautains. Le Diable ne peut s'humilier, les membres de sa maison, non plus. Aussi, est-il exclus de tout pardon divin.

David fut un stratège accompli, couronné de beaucoup de victoires, remportées sur les peuples voisins. Toutefois, il ne s'en attribua point la gloire, sachant que toutes ses sources étaient en Dieu, qui le ceignit de force pour le combat et mit en déroute ses adversaires. L'Éternel agit positivement en se élus, mais il peut à la fois inspirer de la frayeur à leurs ennemis. (Juges 7 :9-14)

Le Psaume 20 contient essentiellement des souhaits de bénédictions. C'est pourquoi, on en use souvent entre chrétiens. Le vœu d'être exaucé au jour de la détresse console le destinataire. C'est en détresse qu'on invoque de tout cœur le nom de l'Éternel qui assure la protection. Le secours qui vient de Sion soutient l'homme éprouvé.

Certainement, le salut est fonction de repentance, car tous s'égarent loin de Dieu. En conséquent, le psalmiste préfigure que tous les peuples se tourneront vers l'Éternel et se prosterneront devant sa face. Cela suppose qu'ils renonceront à l'idolâtrie.

Les païens s'enfoncent de plus en plus en désespoir. Cette vie leur paraît une illusion désespérant. La vie, la santé, les biens, les divertissements s'écoulent entre leurs doigts. C'est l'Éternel seul qui puisse remplir leurs cœurs d'espoir. Ce qui console le plus les croyants, c'est la promesse de la vie éternelle. Tous ceux qui espèrent en l'Éternel ne seront pas confus au jour du jugement dernier. Cependant, la confusion comblera ceux qui l'auront quitté sans cause. Ceux-ci, vêtus d'un corps céleste, partageront le sort des impies dans le lac de soufre et de feu.

À quoi amène l'annonce suivante : »Mon cœur dit de ta part : Cherchez ma face ! » ? À l'idée que Dieu peut parler dans le cœur des siens. David entendit une voix dans son cœur : »Cherchez ma face ! » Il s'est subitement rendu compte, que c'était Dieu. Voici l'inspiration dont les athées doutent. En quel but cherche-t-on la face de l'Éternel ? La réponse à cette question se retrouve dans un autre psaume : »Ayez recours à l'Éternel et à son appui, cherchez continuellement sa face ! » (105 :4) Celui qui cherche sa face reçoit de l'appui. Lorsque l'Éternel fait luire sa face sur quelqu'un, il en chasse loin les Ténèbres, qui l'avaient asservi. On cherche la face de Dieu par les actes de la foi, qui consistent en paroles et en œuvres conformes à l'Évangile. (Colossiens 3 :16,17)

Dans certains moments, il est très important de confier notre esprit à l'Éternel. Fixée sur la croix, Christ s'exclama : »Père, je remets mon esprit entre tes mains. » (Luc 23 :46) Aujourd'hui même, une telle déclaration, faite dans le lit d'agonie, empêche Satan de se saisir de l'esprit du moribond. Tout homme est né en péché, sous la puissance des ténèbres. Voilà pourquoi les anges de Satan ont l'impertinence de demander au Seigneur l'âme des hommes de Dieu. (Jude 1 :9) Mais le Seigneur ne cède aucune âme de ceux qui ont fait alliance avec lui dans l'eau du baptême.

David sut que Dieu instruit, conseille et surveille les siens. Le croyant n'est donc pas seul dans les grands combats de la foi. Satan, pour décourager ceux qui envisagent d'approcher et servir Dieu, leur suggère la pensée que tous leurs efforts seraient en vain et qu'ils tomberaient dans la voie de la sainteté. Mais, le chrétien n'est point seul dans ses combats. Dieu est là pour l'instruire, le conseiller et le surveiller. Quelle consolation !

Dans l'Ancien Testament on rencontre rarement le terme de foi. La Loi mit l'accent sur la crainte de l'Éternel, inconcevable sans la connaissance de Dieu. Or, la connaissance fait naître d'un côté la crainte de Dieu, et, de l'autre côté, la foi en Dieu. Comment se fierait-on en Dieu, si l'on ne le connaissait pas ? Jésus fit mention de deux sortes de foi biblique, lorsqu'il disait : »Croyez en Dieu, et croyez en moi ; » (Jean 14 :1) La foi en l'Éternel eut comme synonyme la crainte de Dieu. La foi en Christ apporte le salut de l'âme. C'est donc la foi salvatrice de même que Christ est le Sauveur du monde. De nos jours même la crainte est due au Père, et la foi, au Fils. (Actes 20 :20)

Le psalmiste a la conviction que l'œil de l'Éternel est rivé sur ceux qui le craignent afin d'arracher leur âme à la mort, et de les faire vivre au milieu de la famine. Qui sont donc ceux qu craignent Dieu ? Ceux qui lui obéissent. Y a-t-il un signe sûr auquel on peut reconnaître ceux qui craignent Dieu ? Oui, ils ne cessent d'espérer en lui, malgré les dangers qu'ils courent.

L'Éternel est merveilleux, il fait des miracles étonnants. C'est pourquoi plusieurs font de lui leurs délices. En revanche, l'Éternel leur donne tout ce que désire leur âme. Si l'on recommande son sort à l'Éternel, il agira en faveur du croyant. Les gens de foi ne tiennent pas leur sort dans leurs propres mains, mais ils le remettent à Dieu.

Les hommes traversent parfois des situations désespérantes, quand leurs semblables n'y peuvent rien. Alors, ils mettent leur espérance en l'Éternel qui peut tout. Le Psaume 40 présente un modèle de conversion à Dieu. Dès que l'homme met son espérance en l'Éternel, Dieu s'incline vers lui et le fait sortir de la fosse de destruction, dresse ses pieds sur le roc et il met dans sa bouche un cantique. Ce voyant, plusieurs se mettent à chercher Dieu.

Toute conversion authentique est couronnée d'une alliance. Dans les temps anciens, la loi de Moïse fut le livre de l'alliance, actuellement l'Évangile de Christ est le livre qui fournit le fondement d'une nouvelle alliance. Les deux alliances supposent une victime expiatoire. Sous loi, on sacrifia des veaux, la période de la grâce commença par le sacrifice de Christ, Agneau de Dieu. Au moment prévu les anges rassembleront ceux qui auront fait alliance avec Dieu par le sacrifice. (1.Thessaloniciens 4 :13-18) Ceux-ci échapperont de la sorte au courroux à venir. Les autres gens supporteront la colère ardente du juge divin.

L'alliance avec Dieu fonctionne comme l'alliance matrimoniale. (Éphésiens 5 :22-33) Si l'on ne renie pas Christ, le Seigneur ne nous reniera jamais. (2. Timothée 2 :11-13) Mais celui qui le rejette sera rejeté devant le Père et les saints anges. (Marc 8 :38)

Ce que Dieu attend de la part des sauvés, ce sont les actions de grâce. Usant des cordes vocales de David, L'Éternel déclare : »Celui qui offre pour sacrifice des actions de grâce me glorifie, et à celui qui veille sur sa voie je ferai voir le salut de Dieu » Veiller sur sa voie, c'est ne point contrarier Dieu dans tout ce qu'on entreprend. Veiller, c'est distinguer entre les pensées et les paroles qui nous parviennent pour accepter celles qui se conforment aux Écritures et refuser celles qui s'y opposent. Dieu montre son salut aux gens qui lui obéissent.

Néanmoins, Dieu permet plus d'une fois aux siens de broncher et de tomber en tentation pour voir leurs attitudes envers le péché. La souillure du péché les afflige et les attriste à outrance. Le cœur brisé, ils se présentent devant Dieu, lui apportant des paroles de repentance. Ils ne font point compromis avec le péché, mais ils le confessent sans tarder. Voilà pourquoi le cœur brisé des ses enfants repentants est un sacrifice agréable devant l'Éternel.

Asaph ne doutait point de l'omniprésence de l'Éternel. Cette omniprésence fait de Dieu un appui parfait, qui ne fait pas faute aux moments de détresse. Quoi de plus consolant que le passage suivant : »Cependant je suis toujours avec toi, tu m'as saisi la main droite. Tu me conduiras par ton conseil, puis tu me recevras dans la gloire. » On arrive donc dans la gloire éternelle grâce aux soins paternels de l'Éternel. Dieu me saisit la main droite, me conduit dans la voie de la justice, puis il m'accueille dans son Royaume. Il me revient une seule chose à accomplir : lui obéir. Qui donne un cœur obéissant à l'homme ? C'est toujours l'Éternel. Peux-je donc me glorifier en moi-même ? Pas du tout, le fidèle se glorifie constamment en Dieu.

Durant son histoire, le peuple d'Israël s'est à plusieurs reprises égaré du chemin tracé par l'Éternel dans le livre de la Loi. Les chutes mettent en évidence les dispositions du cœur. (Deutéronome 8 :2,3) Pierre devait renier son maître pour faire voir si cela l'attristait. Étant tombé en péché, Pierre devint capable de relever ceux qui tomberaient en péché. (Luc 22 :31,32)

Les fils de Coré ont eu à cœur pour intercéder devant Dieu pour le peuple déchu : »Rétablis-nous, Dieu de notre salut ! » Le maintien de l'état de chute se doit à l'irritation de Dieu contre un peuple qui se complaît dans l'égarement. L'intercession des justes apaise la colère de Dieu, qui, dans sa bonté, pardonne les péchés et fait revivre le peuple. Rester dans le péché équivaut à rester dans la mort.

Le Psaume 91 est renommé pour sa puissance consolatrice. Il brosse la protection toute suffisante de Dieu et en suggère l'accès. C'est un lieu commun que, ce qu'on dit avec foi, arrive sous peu. C'est suffisant donc qu'on nomme l'Éternel son refuge pour éviter les malheurs. Le psalmiste s'adresse à Dieu en ces termes : »Tu es mon refuge, ô Éternel ! » Par ses mots, il fait du Très-Haut sa retraite. En revanche, Dieu le protège des malheurs. Il ordonne aux saints anges de le garder dans toutes ses voies.

Pierre même assure son public de la garde divine : »il vous est réservé dans les cieux (un héritage), à vous qui, par la puissance de Dieu, êtes gardés par la foi pour le salut prêt à être révélé dans les derniers temps. » (1 Pierre 1 :4,5) La puissance de Dieu fonctionne en notre faveur au four et à mesure que nous manifestons notre foi en paroles à la manière de David qui osa dire : »Tu es mon refuge, ô Éternel ! » Attaqué par un démon, un frère dit promptement : »Celui qui est en moi est plus puissant que celui qui est dans le monde », et le démon lâcha prise. Fritz Berger, ayant été attaqué par un chien de sang, le fixa des yeux et émit en pensée une idée biblique : »Dieu m'a donné puissance sur toi. » Et le chien, tomba sur le dos comme frappé d'un poing invisible. (Genèse 1 :28) Cela se répéta deux fois, puis le chien s'enfuit.

Les pensées de l'homme charnel s'inclinent vers le domaine de la peur. Il entre promptement en alerte. Dieu qui sonde les pensées du cœur s'aperçoit de nos faiblesses et se hâte à nous consoler. Après des idées qui apportent la peur on en éprouve d'autres qui réconfortent. Le Saint Esprit rappelle des versets réconfortants.

Le salut que donne Dieu se répercute sur l'esprit, l'âme et le corps. Le psalmiste rend grâce à Dieu d'avoir délivré son âme de la mort, ses yeux des larmes, et ses pieds de la chute. L'âme est l'homme intérieur de nature spirituel, celui qui quitte la tente du corps au moment du décès. Étant esprit, l'homme intérieur est immortel. C'est lui qui fait vivre le corps lui prêtant les cinq sens, des pensées, des sentiments et des actes de volonté. Dans sa bonté, Dieu délivre ses élus des tourments éternels, les préserve des larmes et des échecs.

Certes, le salut de l'homme, c'est l'Éternel. C'est lui qui œuvre le salut, menant un combat soutenu contre le Diable. Notre salut est donc le résultat du triomphe remporté par Christ sur les puissances des Ténèbres. Le péché inventé par Satan assujettit les pécheurs. Le sang de Christ anéantit les liens de cet esclavage et rend libre au service de Dieu. Par sa mort, Christ a rendu impuissant celui qui avait la puissance de la mort, c'est-à- dire le diable. (Hébreux 2 :14)

Le péché souille l'esprit, l'âme et le corps. Le sang de Christ purifie de toute souillure qui constitue une bonne emprise pour Satan. Ainsi donc, Satan perd sa domination sur les pécheurs purifiés qui appartiennent d'or et déjà à leur Sauveur.

Le triomphe remporté sur Satan est doublé du triomphe remporté sur la mort, présenté de manière convaincante dans la Première Épître adressée aux Corinthiens : »Lorsque ce corps corruptible aura revêtu l'incorruptibilité, et que ce corps mortel aura revêtu l'immortalité, alors s'accomplira la parole qui est écrite :La mort a été engloutie dans la victoire. O mort, où est ton aiguillon ? L'aiguillon de la mort, c'est le péché, et la puissance du péché, c'est la loi. Mais grâces soient rendues à Dieu qui nous donne la victoire par notre Seigneur Jésus-Christ. » (1.Corinthiens 15 :54-57)

Conclusions

Les Psaumes ont été encadrés parmi les œuvres poétiques de la Bible. Aussi, certains exégètes sont-ils d'avis qu'on n'en peut tirer des enseignements guidant le comportement des gens de foi. Mais cette conception exclue bel et bien les Psaumes des Écritures Saintes, au sujet desquelles l'apôtre Paul déclare : »Toute l'Écriture est inspirée de Dieu, et utile pour enseigner, pour convaincre, pour corriger, pour instruire dans a justice, afin que l'homme de Dieu soit accompli et propre à toute bonne œuvre. » Par quoi l'Écriture arrive-t-elle donc à enseigner, convaincre, corriger et instruire dans la justice ? Par les révélations qu'elle renferme. Or, ces révélations sont mises en relief par les docteurs.

Par ailleurs, les nombreux renvois qui sous-tendent les raisonnements du présent ouvrage attestent la cohésion de la Bible entière.

Avant d'émettre des jugements de valeur sur la structure des psaumes, il est convenable de résumer les révélations mises en évidence au cours des chapitres traités antérieurement.

Il découle du premier chapitre que :a) par la bouche des enfants, Dieu réduit au silence ses adversaires vindicatifs ; b) celui qui loue l'Éternel sur le champs de bataille est délivré de ses ennemis ; c) le Seigneur accepte qu'on danse devant lui au son des cantiques ; d) il fait monter sur le rocher du salut ; e) toutes les nations se convertiront au Seigneur ; f) dans sa bonté, le Seigneur exauce les prières par des miracles ;g) lorsqu'il pardonne les péchés, il guérit aussi les maladies ; h) c'est l'Esprit qui conduit dans toute la vérité de la Parole ; h) Dieu est près de ceux qui l'invoquent de tout cœur ; i) le sort de l'homme est dans la main de Dieu ; j) l'Éternel est un secours qui ne manque jamais dans la détresse ;k) il soutient celui qui lui recommande son sort.

Dans le second chapitre on a découvert les choses suivantes :a) le méchant n'entre point dans l'entourage de Dieu ; b) l'Éternel montre aux humbles le chemin de la justice ; c) la vie s'avoisinant à la lumière a comme source l'Éternel ; d) la force et la bonté sont à l'origine de la justice divine ; e) aux yeux de Dieu, mille ans sont comme un jour ; f) il fait tout ce qu'il veut dans le cieux et sur la Terre ; g) il pénètre les pensées secrètes des humains ; h) il règle les jours des hommes avant même leur naissance ; i) il n'abandonne pas ceux qui le cherchent ; j) il est près de ceux qui ont l'esprit brisé et le cœur contrit ; k) il décide de sauver ses élus ; l) il abaisse l'un, et élève l'autre.

Dans le troisième chapitre surgissent les suivantes révélations :a)l'âme de Christ n'allait pas rester au séjour des morts ; b) on allait percer les mains et les pieds de Christ ; c) la loi divine dans le cœur, l'Oint allait s'offrir comme sacrifice expiatoire ; d) avant même son incarnation, Christ est nommé Dieu ; e) il allait monter sur la hauteur, emmenant des captifs ; f) il était destiné à être sacrificateur à la manière de Melchisédek ; g) l'Oint est la pierre angulaire rejetée par les bâtisseurs.

Dans le chapitre 4 on apprend que :a) le Seigneur ne permet pas aux gens de ce monde de pénétrer les significations de sa Parole ;b) la Parole restaure l'âme, rend sage l'ignorant, éclaire les yeux ; c) celui qui observe la loi purifie son chemin ; d) l'Éternel ouvre les yeux pour voir les choses merveilleuses de sa loi ; e) il peut nous éloigner de la voie de l'infidélité envers lui ; f) il nous humilie afin de pouvoir percevoir ses ordonnances ; g) la Parole du Seigneur subsiste dans les cieux ; h) le salut est inaccessible aux méchants, car ils méprisent la loi ; i) les élus se réjouissent de la parole divine comme celui qui a trouvé un grand butin.

Dans le chapitre 5, il s'impose les idées suivantes :a) Dieu nous a donné autorité sur tous les animaux de la Terre ; b) il a soin que la terre produise la nourriture nécessaire aux hommes et aux bêtes ; c) il dévaste et il renouvelle la face de la Terre, selon ce qu'il retire ou bien envoie son Esprit; d) l'homme religieux réussit ses entreprises s'il collabore avec Dieu ; e) le Seigneur mène à bien tout ce qu'il entreprend pour les siens ;f) faisant luire sa face, le Seigneur réjouit les cœurs et assure la paix dans les demeures ; g) les uns mettent leur espérance dans les trésors de ce monde, les autres espèrent voir la face de Dieu ; h) ceux qui possèdent les richesses passagères ne peuvent se racheter l'âme ; i) celui qui appelle le nom du Seigneur le jour de la détresse en sera délivré ; j) tout home est né dans l'iniquité ; k) tous les mortels sont les fils du Très-Haut ; l) la mort des bien-aimés de l'Éternel est une occasion de joie dans le ciel.

Dans l'avant-dernier chapitre, on remarque les suivants enseignements :a) il est heureux celui qui se garde de la compagnie des impies, en mettant du temps à étudier et à méditer la Parole ; b) le Seigneur remet la transgression des gens dans l'esprit desquels il n'y a pas de fraude ; c) l'Éternel se choisit un peuple comme héritage ; d) Dieu accueille dans sa tente ceux qui ne se rétractent point, ne prêtent pas à intérêt, refusent d'être achetés ;e) il délivre au jour du malheur ceux qui s'intéressent au pauvre ; f) il est convenable d'accomplir les vœux faits à Dieu ; g) il augmente la force à ceux qui placent leur appui en l'Éternel ; h) les justes plantés dans la maison de Dieu portent des fruits dans leur vieillesse ; i) ceux qui aiment l'Éternel haïssent le mal ; j) la conduite des pécheurs ne s'attache point à ceux qui la haïssent ; k) la crainte de Dieu génère une sagesse saine ; l)le méchant n'accepte pas l'existence du Créateur justicier ; m) le méchant emprunte mais ne rend pas ce qu'il doit ;n) les méchants sont pervertis dès le sein maternel ; o) ceux qui servent des images seront confondus, p) les méchants seront détruits à jamais.

Voici maintenant les révélations renfermées dans le dernier chapitre :a) l'Éternel est le partage de ses élus ;b) il sauve le peuple qui s'humilie ; c) il ceint les siens de force et fait plier sous eux leurs adversaires ; d) il est recommandable que les moribonds remettent leur esprit entre les mains de Dieu ; e) le Seigneur veille sur ceux qui le craignent afin d'arracher leur âme à la mort et de les faire vivre au milieu de la famine ; f) celui qui fait de l'Éternel ses délices sera exaucé ; g) l'espérance mise en l'Éternel déclanche une conversion véridique ; h) l'alliance fait sur le fondement d'un sacrifice est le sceau du salut ; i) les sauvés glorifient Dieu par des actions de grâce et ils veillent sur leur voie ; h) l'Éternel prend par la main ses élus, il les conduit par ses conseils, puis il les accueille dans la gloire ; i) celui qui fait de Dieu son refuge est à l'abri des dangers ; j) le salut de Dieu s'étend sur toute la trinité humaine :esprit, âme et corps.

Dans les commentaires qui accompagnent les versets de base de la présente monographie ont eu en vue l'inspiration divine du livre des Psaumes. Ce que David quémande ou bien il déclare vient de la part de l'Éternel ayant un caractère de loi. Cette conception m'a aidé à déchiffrer ce qui a été codé dans les textes examinés.

Il y a de même beaucoup de secrets cachés dans la structure des phrases. Examinons de près, par exemple le verset suivant : »Heureux l'homme à qui l'Éternel n'impute pas l'iniquité, et dans l'esprit duquel il n'y a point de fraude ! » (32 :2) Il y est caché la cause pour laquelle Dieu absout certains gens. Il est dit que l'Éternel n'impute pas l'iniquité, mais il manque la subordonnée causale, la cause étant cachée dans une phrase pronominale : »dans l'esprit duquel il n'y a point de fraude ». C'est donc le manque de fraude dans l'esprit humain qui détermine Dieu à absoudre certains gens de leurs fautes.

Pour mieux comprendre un passage biblique, il faut y chercher des causes, des conséquences, des buts et des instruments dissimulés dans le contexte. Assez souvent, le Saint Esprit explique par une phrase celle qui vient être avancée. Il se peut bien que l'explication d'un certain concept se retrouve dans un autre livre des Saintes Écritures. Par exemple, la définition du terme de « péché » a été donné par Jean, apôtre de Christ : »le péché est la transgression de la loi ». (1 Jean 3 :4)

Mais on peut bien déduire la signification d'un certain mot à l'aide de la richesse synonymique dont use le psalmiste inspiré. Le verset dont on vient de s'occuper est précédé par ce qui suit : »Heureux celui à qui la transgression est remise, à qui le péché est pardonné. » Il y a deux paires synonymique : transgression, péché ; remise, pardonné. Les deux subordonnées semblent dire la même chose. Cette structure copulative à la vocation d'expliquer par synonymie : la transgression est péché, remettre la transgression équivaut à pardonner le péché.

Les phrases copulatives étagées l'une sur l'autre constituent une caractéristique du style des Saintes Écritures. L'observateur avisé y distingue des motifs, des conséquences, des manières d'agir, des instruments à utiliser, des buts poursuivis.

Chaque passage poursuit l'édification du public, mettant à sa disposition les connaissances nécessaires à jalonner le chemin de la vérité et affermissant l'âme de ceux qui cherchent Dieu.

En guise d'exemple, on examine les deux premiers versets du Psaume 91 : »Celui qui demeure sous l'abri du Très-Haut repose à l'ombre du Tout-Puissant. Je dis à l'Éternel : Mon refuge et ma forteresse, mon Dieu en qui je me confie ! » Ce passage est destiné à former une idée sur la protection parfaite que Dieu offre à ceux qui le craignent. Il exemplifie à la fois la méthode qui assure l'accès à cette protection. Les synonymes y abondent. L'abri du Très-Haut est comme l'ombre d'un arbre qui protège de la chaleur torride. Le refuge qu'il offre est comme une forteresse. Dieu est nommé tantôt le Très-Haut, tantôt le Tout-Puissant, tantôt l'Éternel. Il fournit : abri, ombre, refuge et forteresse. Il mérite donc notre confiance.

L'accès à cette protection parfaite est donné par la parole de la foi. Il est suffisant que le croyant s'adresse directement à Dieu : »Éternel, tu es mon refuge, ma forteresse : je me confie en toi. » Jésus nous a laissé une sentence formidable : »Tout est possible à celui qui croit. » (Marc 9 :23) La foi prononce une phrase et l'Esprit de Dieu l'accomplit.

Voilà pourquoi tout est possible au croyant qui parle sans douter. Le doute est la maladie de la foi qui rend vaine la parole.

Quelquefois, l'Esprit fait une allusion comme dans l'énonce suivant : » Pourtant tu es le Saint, tu sièges au milieu des louanges d'Israël. » (22 :4) Si Dieu siège au milieu des louanges, lorsqu'on le loue, il se présente forcément. Louons donc l'Éternel afin que sa puissance se manifeste au milieu de nous !

Une énigme révélée contribue à en découvrir d'autres. Ce qu'on vient d'apprendre ci-dessus aide à mieux comprendre l'exhortation suivante : »Chantez à Dieu, célébrez son nom ! Frayez un chemin à celui qui s'avance à travers les plaines ! L'Éternel est son nom. Réjouissez devant lui ! » (68 :5) Comment frayez un chemin à Dieu ? En célébrant son nom, car, aux sons du cantique, il se présente au milieu de l'assemblée. La nature explicative du contexte même permet de déduire que chanter à Dieu, c'est lui frayez un chemin vers nous.

Si la louange fait plaisir à Dieu, alors les jurons, les malédictions et les paroles obscènes lui font horreur. Ces propos diaboliques le chassent de certains cercles. Néanmoins, cela ne veut pas dire que Dieu n'enregistre poins les mots malsains en défaveur de ceux qui les prononcent.

Un trouvère réformé du seizième siècle, Pierre Bornemisza, reprocha aux nobles hongrois d'avoir chassé Dieu de leur milieu. Comment y réussirent-ils ? En se souillant par des mots obscènes.

Par malheur, toutes les nations marchent de nos jours sur les traces des nobles hongrois de jadis. Les paroles perverses entraînent des conduites corrompues. Le monde va de mal en pis. Quand le péché arrive à son comble, Dieu anéantira ce monde et il en fera un autre, démuni d'iniquité. (2.Pierre 3 :10-13)

Ludus, le 8 juin 2013 Charles Székely

Table des matières

Printed by Books on Demand GmbH, Norderstedt / Germany